JN094228

身近な地域の地理学

地誌 の見方・考え方

牛垣 雄矢 編

古今書院

Geography on Local Area

: How to View and Think about Regional Geography

Yuya USHIGAKI

Kokon Shoin Ltd., Tokyo, 2024

まえがき

普段，何気なく見ている景色の背景には，壮大な地域の物語がある．その地域の物語は，自然，産業，文化，歴史など様々なものが相互に関係し，目に見えない系でつながっているであろう．本書は地域の物語を読み解くための方法や，地理学のレンズを通して見える新しい世界を提供する．

皆さまにとって「地理」は身近な学問・教科であろうか．中学や高等学校で学ぶ「地理」が嫌いだった方など，人によっては地理ないし地理学は自分自身の生活の場とは離れた地域のことを学ぶ，身近でない学問のイメージがあるかもしれない．

本書のサブタイトルにある地誌（学）とは，地域の特徴を読み解く，地理学における現象のとらえ方のひとつである．確かに高等学校までの地誌では，遠く離れた海外や，国内であっても東北地方や中部地方というように比較的広域な地域スケールで扱うため，身近でないと感じるかもしれない．しかし序章でもみるように，地理学・地誌学で扱う地域には，大陸や国全体といった広範囲を扱う場合もあれば，都道府県や市区町村，また公立小学校の学区程度や商店街というように狭い範囲を扱う場合もあり，地理教育の分野では後者を「身近な地域学習」と表現する．本書は，その「身近な地域」とされるスケールで日本国内のいくつかの地域を取り上げ，伝統的に地域そのものを研究対象としてきた地理学の見方・考え方を用いて，地域の読み解き方を示すものである．

このように地理（学）は，海外など遠く離れた地域ばかりを扱う学問ではなく，身近な地域で生じる現象を読み解くことができる，身近な学問でもある．地理的な見方・考え方は様々だが，例えばある現象がその場所や地域で生じた理由を考え

る，もしくはある現象の場所・地域による違いを考える，という際には地理的な見方・考え方を駆使することになる．例えば新たな住居を探す際に，生活環境としての地域の特徴を把握したり，今後その地域がどのように変化するかを考えたり，また比較検討している複数の住居の分譲・賃貸価格が異なる理由を考えたりすることは，いずれも地理的見方・考え方といえる．地理（学）を学ぶことで身につける能力は，そのような日常生活に関わる汎用的な力なのである．

このことは，地理学を専門としてきた方々にとっては当たり前かもしれないが，地理の世界から離れた人には知られていないように思える．本書は，そのような地理学にとっての当たり前を形として示したものともいえる．

一方で，目次に示した横浜や川崎など本書で扱う地域は，人によっては身近でないかもしれない．しかし本書の狙いは，これらの地域を通して「身近な地域」の読み解き方や地理的な見方・考え方を示すことにある．各章では，扱う地域の特徴を読み解く観点を示しており，多くはタイトルに表れている．本書を参考に，ぜひ読者の皆さまにとっての「身近な地域」を読み解いてほしい．

勤務校である東京学芸大学にかつて勤めておられた大先輩は「地理学を学ぶと人生は2倍面白い」と言ったと聞く．その真意はわからないが，私もそのように思う．例えば地元の川崎で図2.6の景観をみていると，マンションが林立するといった土地利用だけでなく，そこに住む人や周辺の土地利用との関係，多くのマンションがその場所で建設された背景，過去の土地利用との関係などといった思考が頭の中で駆け巡る．その地域のことをよく知り，地理的な見方・考え方が備わってい

るほど，その思考は広く深くなる．普段何気なく見ている景色がもたらされた背景とともに，地域の物語を感じることができる．だからこそ，地理学を学ぶと人生は2倍，もしくはそれ以上に面白くなるのであろう．その点において，本書は景観の読み解き方を示すものでもある．

これまでも地誌の本は数多く出版されてきた．序章で扱う通り，地誌は地域を構成する諸要素の関連性や，地域の本質的な特徴をとらえることに醍醐味があるが，これまでは系統地理の寄せ集めのような内容が多かったように感じる．本書は，系統地理学者の視点で地域をとらえるのではなく，地域の本質的な特徴をいかにとらえるかに主眼をおく．

本書のうち，編者が執筆した章は，勤務校の東京学芸大学をはじめ教職科目「地誌学（概論）」や一般教養科目などの授業で扱う内容である．中学や高等学校の地理では世界の地誌の割合が大きい中で，日本国内のみ，それも大都市に偏っている点は課題であり，本書をそのまま中学・高等学校の地誌学習に取り入れることはできない．しかし，「身近な地域」というスケールで地理的な見方・考え方を学ぶ授業は，大学の教職課程の授業として有効な方法のひとつと考える．中学社会，高校地歴の教員免許の必修となる「地誌学」の授業の受講者の中学や高校での地理の学びの程度は様々で，誰に標準を当てるかが難しい．しかし，地理的な見方・考え方を用いて「身近な地域」の特徴をとらえる本書の内容であれば，部分的に高等学校の地理で学んだ知識と重複しても，全体的なとらえ方が異なるため，新鮮な感覚で授業を受けられるであろう．また，高校までは地理に興味関心をもてなかった学生にとっても，身近な地域で起きうる現象を扱うために興味を引きつけやすい．実際に無記名の授業アンケートでは，高校までは地理が嫌いだったが「地誌学概論」の授業は楽しかった，というコメントをいただくことも多い．

本書の執筆には，勤務校である東京学芸大学において編者が参加する都市地理ゼミのOB（一部現役生）有志にも加わっていただいた．いずれも在学中に「地誌学概論」の授業を受け，編者とともに地理学の研鑽を積んだメンバーである．編者と地理的見方・考え方や地理学的な地域のとらえ方を共有している面もあるが，一方でそれぞれ独自の関心や感性・知識をもっており，本書をバラエティ豊かな内容にしてくれた．

本書で扱う地域を取り上げた理由は，執筆者の興味関心に基づく．他地域との比較などは考慮せず，基本的にはその地域の地理的特徴をとらえることに終始しているが，全体を見渡すと，多くの地域で共通する，地理的特徴に大きく作用する要素がみえてくる．例えば交通条件やその変化，また関連して東京や大阪といった大都市との関係性とその変化などがあげられるが，その具体的な内容は地域によって異なる．本書の中では特に言及していないが，そういった多くの地域に当てはまる共通性や普遍性の理解につながる側面と，地域ごとに異なる多様性・特殊性の理解につながる側面の両者を読み解くことで，より深く地理学や地誌学を理解できるであろう．

なお，本書は地理学における地域のとらえ方やその地理的見方・考え方を示したものであるが，触れることができなかった内容や既存の成果も多い．これは編者の能力的な限界であるとともに，本書の内容が大学学部の授業をベースとしたもので授業時間にも限界があるため，どうかご容赦いただきたい．

最後に，これまでの授業で本書の内容にお付き合いいただいた学生の皆さま，日頃から活発な議論を展開し研鑽を共にしてくれた東京学芸大学・都市地理ゼミの皆さま，前著『まちの地理学―まちの見方・考え方―』に続き出版を後押しして下さった関 秀明氏を始めとする古今書院の皆さまに，心よりお礼申し上げます．

（牛垣雄矢）

目　次

序章　地域に対する地理的な見方・考え方の基礎

1. 地理学とは，地誌学とは

【地理学におけるふたつの見方・考え方】

　中学や高校でも学んだ地理とは，どのような学問だったのだろうか．「地理探究」や以前の「地理B」の教科書の目次をみると，前半の地形，気候，農業，工業，人口，都市・村落，生活文化，民族・宗教などといった項目ごとに学ぶ地理学を系統地理的考察，後半の東アジア，ヨーロッパ，アングロアメリカといった地域ごとに学ぶ地理学を地誌的考察とある．大学における地理学の授業では，地理学の下に系統地理学と地誌学が配置される学問体系について学ぶこともあるが，このふたつの「～学」は似て非なるものにみえ，それが合わさった地理学とは，結局，何であろうか．

　地理学とは，地球表面の地域的多様性の形成メカニズムを研究する学問ともいわれる（西川1996）．世界は地域ごとに多様な姿がみられるということは，個々の地域に個性があることを意味するため，地理学は地域的個性の形成メカニズムを研究する学問とも言い換えることができる．

　系統地理学と地誌学は，この地理学の目的を果たすためのふたつの見方・考え方といえる．系統地理学は，複雑雑多な事象・要素が絡み合って現象をもたらしているこの世界から特定の事象を抽出し，それをある程度広範囲な空間において，空間的なパターンや差異といった空間的観点で理解するものである．一方で地誌学は，いずれかの地域に限定し，その地域における様々な事象・構成要素の特徴やそれらの関係性から，地域的特徴を理解するものである（図0.1）．どちらの場合でも，何らか

のテーマを取り上げ，具体的な地域を対象として考察することが多いが，系統地理学の場合は，関心の所在は系統的なテーマにあり，それが対象地域で具体的にどのように生じているかを考察するのに対して，地誌学の場合は，地域そのものに関心があり，地域を特徴づけるうえで取り扱うテーマがどのように作用するかを考察する．そのため地理学で地域をとらえる際には，「地域でみるのか，地域をみるのか」が問われることがある．

【関係の科学としての地理学】

　多くの学問分野は研究の対象によって規定される．例えばこの複雑雑多な世界の中で，経済的事象を抽出してそれを中心に分析するのが経済学である．一方，地理学の対象は自然から人文的事象まで幅広く扱い，かつ複数の事象を扱うことも多いため，対象によって規定されない学問といえる．経済学の中には地理学と同様地域を対象とする地域経済学という学問分野が存在するが，その関心の所在は経済現象にあり，これを究明するために地域をみる．様々な事象を扱う地理学では，地域でみられる事象を別々に扱うのではなく，それらの関係性から地域そのものの性質をとらえるのが

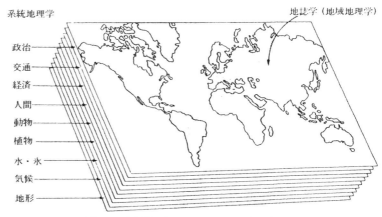

図0.1　地理学におけるふたつの見方・考え方としての系統地理学と地誌学　（手塚1991）

学問的な特徴である．そのため地理学は「関係の科学」ともいえる．

　「関係の科学」としての地理学を考えるに当たり，近代地理学の祖といわれる A. フンボルトが参考になる．植物地理学を専門としたフンボルトは，植物に関心をもっていたが，生殖器官によって植物の種を分けることに関心はなかった．むしろ種々の異なった植物が共存して作る群落が，そこの気候や土壌と密接な関係をもちながら地域的な特色を示すことに関心があった．フンボルトは，植物を他のものから切り離してみるのではなく，その場所に成立している諸々のものと一緒にして，自然の全体像に迫ろうとした．環境因子を除外して植物の生態に迫るのが植物学と考えられるが，現実世界には環境因子の影響を受けない植物はほぼ存在せず，フンボルトは，周辺環境の諸因子との関わりによって変化する植物の実態に関心をもった．地域構成要素を総合的にとらえる地理学的手法の原点がここにあるともいえる（西川 1985）．

　地域でみられる事象の関連性を読み解く見方・考え方は，中学や高校の地理でも重視されてきた．例えばヨーロッパの地中海沿岸地域では，夏季を中心に降水量が少ない気候的特色によって，雲ができにくいことで日差しが強くなり，その対策としてエーゲ海沿岸ではこれを反射させるために建物の外壁が白一色で統一されている．夏季に雨が降り木材が豊富なために伝統的な建物が木造である東アジアとは異なり，ここではパルテノン神殿のように石やレンガ造りの建物がみられる．乾燥に強いコルクがしやぶどうが作られ，ワインをたしなむ食文化が育まれるなど，気候が地域の様々な事象に影響することを学ぶ．このような地域の見方・考え方は地理学ないし地誌学の基本であり，本書のように市区町村や都道府県といったスケールで地域をとらえる際にも適用できる．

2. まとまりとしての「地域」

　地域とは何であろうか．似た言葉に「地方」「場

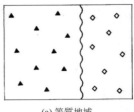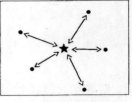

（a）等質地域　　　　　（b）結節（機能）地域

図 0.2　まとまりとしての地域のとらえ方（手塚 1991）

所」「空間」などがあるが，それらとの違いは何か．地理学において地域といった場合，何らかのまとまりある地域を意味し，大きくふたつのとらえ方がある．ひとつは等質地域であり，同質な性格を有する空間的まとまりを意味する．もうひとつは結節（機能）地域であり，地域を構成する諸要素の結びつきによるまとまりを意味する（図 0.2）．

【等質地域】

　図 0.2 をみると，等質地域は，ある地域の中で，▲の要素は左側に，◇の要素は右側に集まり，地域を構成している．例えば，アメリカ合衆国において，年降水量 500 mm 以上の東部では，ヨーロッパから伝わった混合農業が広くみられるのに対して，これ以下の西部では放牧が広くみられる，というように地域をとらえる方法である．地理学では頻繁に使われる地域の見方といえる．

【結節地域】

　一方で結節（機能）地域は，ある地域の中で，★が中心に位置し，●がそれをとりまき矢印で関係をもつことで，まとまりある空間を形成している．現実社会におけるこの事例として，大都市圏の通勤流動があげられる（図 0.3）．先進国の大都市の多くでは都心にオフィスが集積し，毎朝，郊外の住宅地に居住する多くの人が鉄道に乗って通勤し，夕方には鉄道に乗って郊外へ帰る．雇用の受け皿となるオフィスがなければこの都市に住むことはないため，この事例の場合はオフィスが中核的な機能を担っている．

　大都市圏などでは移動する人の数は数千万人にも及ぶ．東京区部へ，その市部や周辺の県から多

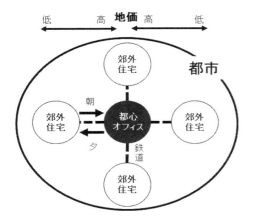

図 0.3　結節地域の例：大都市における通勤流動の模式図

くの人が通勤することは，小学校の社会科や中学
の地理でも学ぶが，この概念によって，2019 年
に発生した COVID-19 感染症拡大に対して，東京
都とその周辺の埼玉県・千葉県・神奈川県が，移
動制限などの対策を一体的に行う必要があると議
論されていたことがよく理解できる．

　また，教育書として歴史的名著とされる吉野源
三郎著『君たちはどう生きるか』において，中学
生の主人公・コペル君が，自分の目でみたままに
社会をとらえる見方から，地表面で起きている現
象を俯瞰的にとらえる見方に気づくことで，人間
は社会を構成する一分子であることを認識する最
初のきっかけも，この東京における通勤流動であ
る．意外な事象が，その扱い方によっては学習指
導要領において社会科の目的とされる公民的資質・
能力の育成に寄与することもある（牛垣 2018）．

3. 地域の構造

　地理学における「地域（の）構造」の意味は一
様ではないが，ここでは (a) 一地域を構成する諸
要素（element）と諸因子（factor）の関係，(b) 複
数地域の相互関係．全体と部分，階層，並列等の
体系（木内 1968）という意味で用いる．

【(a) 一地域を構成する諸要素と諸因子の関係】

　(a) は地域内の構造である．これについて東京
都千代田区神田を例に考えてみる．この一帯には，

例えば日本大学の理工学部・経済学部・法学部や
明治大学，専修大学，共立女子大学などの大学が
立地し，多くの学生が通う．以前はこれ以上に大
学が立地し，大学近くのアパートに暮らす学生も
多く，この一帯が生活の場でもあった．大学生が
多いうえに，フランスやアメリカなどの法律を学
ぶ専門学校から始まった戦前の大学では高価な洋
書を教科書として使うことも多く，少しでも安く
入手するために古本屋が重宝された．これにより
神保町には古本屋が集積し，その規模は世界一と
もいわれる．また戦前は大学生による登山ブーム
から端を発してスポーツ用品店が，戦後はフォー
クソングブームで楽器店が集積した．お金のない
大学生のために安くてボリュームのある飲食店や
喫茶店も多かった．

　このように多くの大学生が通学や生活の場とし
ていたかつての神田には，学生にとって魅力的な
消費空間が形成された．そのような空間は若者に
とっては魅力的であるため，さらにその一帯に住
む若者が増加し，需要の増加によって若者向けの
店舗がさらに集積した．こうして神田には成長の
循環が生じることになるが，その中核は大学であ
り，これが郊外へ移転するなどでなくなると，逆
に衰退の循環が生じることとなる（図 0.4）．この
ように，大学，若者，古本屋，スポーツ用品店，
楽器店，飲食店といった要素の関係をみることが，
地域を構造的にとらえる一例といえる．

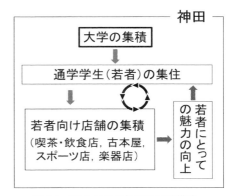

図 0.4　1970 年代の神田の地域構造
（牛垣 2022）

【(b) 複数地域の相互関係，全体と部分，階層，並列等の体系】

(b) は地域間の関係を指す．まず「複数地域の相互関係」とは，例えば本書2章で説明するように，川崎の地理的特徴を把握するには東京や横浜との関係をみる必要があり，後述する平成29年告示の学習指導要領解説で示された地理的な見方・考え方（表0.1）では「空間的相互依存作用」がこれに当てはまる．また「全体と部分，階層，並列等の体系」について，例えば1章の横浜，2章の川崎は，東京大都市圏というより広範囲の地域的まとまりを全体とすると，両地域はそれぞれ部分地域となる．両地域が東京と相互依存関係にある場合は並列の関係といえるが，両地域ともに住民の多くが東京都区部へ通勤するなどから，地域の階層性としては東京の方が上位といえる．このように，地域構造には全体と部分，階層性といった概念が含まれる．

4. 地域・空間や地図のスケール

高校まで学ぶ地理にも大学以降で学ぶ地理学にも，地域や空間のスケールという概念がある．地理学が研究対象とする地域は様々なスケールがあり，例えば商店街や公立小学校の学区程度の狭い範囲を扱う場合もあれば，地球温暖化など地球規模の広い範囲を扱う場合もあり，前者をミクロスケール，後者をマクロスケールな研究と表現する．

地理学として現象をとらえる際には，状況に応じて様々な地域スケールでとらえる必要がある．例えば商店街の研究でも，対象とする商店街だけでなく，これを含む都市全体の人口動態を考察したり，日本全体のショッピングセンターの動向を考察したりというように，マルチスケールでとらえることにより，地域の構造を重層的にとらえることができる．

【地域のスケール】

扱う地域のスケールにより，対象物や事象のとらえ方も異なる．地域のスケールを説明した図0.5

(a) をみると，低い場所から見下ろした場合をミクロな考察，高い場所から見下ろした場合をマクロな考察としている．例えばミクロな考察を，建物の8階くらいから見下ろす状況を想像してみる．知り合いの人を見かけたら，その服装や表情など，細かい点まで把握することができるが，その情報を得ることができる範囲は建物付近のごく狭い範囲であろう．

一方，例えば東京タワーの展望台のような場所から見下ろす状況を想像してみる．高所であるため，顔や服装などの詳細な情報は把握することができないが，朝9時ころであれば，近くの鉄道駅から多くの人が排出され，一帯に分散するオフィスビルに散らばっていく様子が，夕方の17時ころであれば，それらのオフィスビルからひとり，またひとりと出てきた人が，最終的にはこれらの鉄道駅に集まる様子がみられ，人々の動線を読み取ることができるかもしれない．目線が高いマクロな考察ほど，対象物から読み取れる情報は粗くなるが，全体像が見えやすくなる．

【地図のスケール】

このスケールの違いは地図にもある．図0.5(b)をみると，地表面のうち中央の細い道の左側には針葉樹のような木々と家屋2棟が，右側には水田，畑，家屋がみられる．「ミクロな考察」を表した大縮尺地図は，ほぼ地表面に近い形で地図が描かれた具体的な地図となる．一方，「マクロな考察」を表した小縮尺地図は，地図の大きさが同じであった場合でも，大縮尺地図に比べて広範囲が描かれるため，特定の場所の情報を詳細に描くことはできず，針葉樹と水田という最も主だった情報が抽出された抽象的な地図となる．

【本書で扱う地域のスケールと「身近な地域」】

本書で扱う地域は，いずれも市区町村から都道府県といった，学校教育においては小学校3，4年次で扱う身近な地域学習と位置づけられるミクロな地域スケールである．一方，中学校以降の地理における地誌学習で扱うのは，狭くても九州や

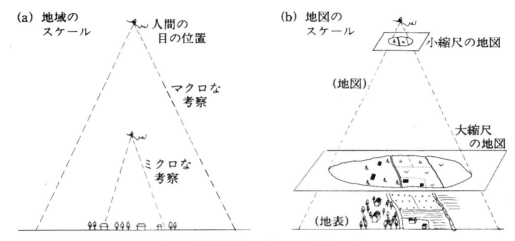

図 0.5　地域と地図のスケール（高橋 1988）

関東といった地方スケール，広ければ国やヨーロッパというような州スケールというように，市区町村や都道府県と比べるとはるかにマクロなスケールである．

　本書では，身近な地域とされるミクロスケールな地域の特徴を，中学校以降で学ぶ地理的な見方・考え方を働かせて読み解いていく．小学校の 3 年生では市区町村，4 年生では都道府県のスケールで身近な地域を学ぶが，伝統的に地域を研究対象としてきた地理学において，身近な地域の特徴をどのようにとらえるか，本書で示したい．また中学・高校の教科書では紙面が割かれる海外の地理ではなく，日本の身近な事例を扱うため，地理や地理学が身近な学問であることを示すとともに，日常における場所や空間で生じる事象の「なぜ」を追求する地理学が，汎用性の高い学問であることを感じていただきたい．

5．地誌学のとらえ方の例
【動態地誌】

　図 0.6 は，平成 21 年告示の学習指導要領から，特に中学地理の日本の諸地域学習において導入された，動態地誌と呼ばれる地誌のとらえ方である．どの地方でも，地形，気候，農業…というように同じ項目を扱う従来の静態地誌学習は，暗記に偏った内容となり，多数の地理嫌いの生徒を生んでしまった．動態地誌は，この反省として導入されたものである．ある地域の特徴をとらえる際に，網羅的に扱うのではなく，その地域において様々な事象と関わりをもつ事象を中核事項と設定し，それらの関わりで地域の特徴や構造をとらえるものである．これによって，地理学習においても事象間のつながりを理解することが重視され，暗記的な要素は弱まる．なお「動態」は地域の変化を意味するものではない．

　平成 29 年告示の学習指導要領においては，① 自然環境，② 人口や都市・村落，③ 産業，④ 交通・

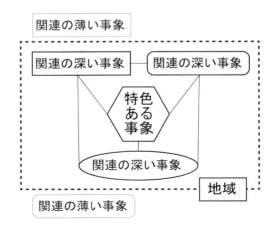

図 0.6　動態地誌としての地域のとらえ方
（2013 年日本地理学会春季学術大会シンポジウム「地誌学と地誌教育」（諸地域学習）における濱野清の資料による）

通信，⑤ その他の事象が中核事項として設定されている．九州，中国・四国，近畿，中部，関東，東北，北海道という伝統的な 7 地方区分に対し，それぞれの地方に応じて適切な事項を中核に設定することとなっている．

この動態地誌としての地域のとらえ方は，日本の地誌では九州や関東といった地方スケールで，世界の地誌では中国やラテンアメリカといった国や州スケールで扱われる．例えば山口編（2011）はこのスケールで動態地誌の実践例を示しているが，本書ではこの地誌のとらえ方を，市区町村や都道府県といった「身近な地域」とされるスケールで活用する．事象間のつながりを意識した地誌としては上杉・小野編（2023）などがあげられるが，本書では多くの章で動態地誌などの視点に基づく模式図を示すことで，地域における要素間のつながりや，地域的特徴のとらえ方を可視化している．なお地域に対して様々な事象とのつながりが強い中核的な事象を見出すには，地域をよく理解する必要があり，中核事項を検討することは地域の本質的性格を考えることにもつながる．

【高校における地誌の考察方法】

高校の地理探究の教科書では，地誌の考察方法として，① 多様な事象を項目ごとに整理して考察（静態地誌），② 特徴ある事象と他の事象を有機的に関連づけて考察（動態地誌），③ 類似的な性格のふたつの地域を比較して考察（比較地誌）の 3 つの方法が示されている．

【矢ケ﨑ほか編（2020）による地誌学のとらえ方】

矢ケ﨑ほか編（2020）では，地誌学の考察方法として，地域の特徴や問題を具体的・体験的に理解する「身近な地域の地誌」，地域変化・地域性形成のメカニズムを理解する「歴史地誌」，地域をグローバルな枠組みに位置づける「グローバル地誌」，地域間の相互関係をみる「比較交流地誌」，ある国を特徴づけるテーマに焦点をおく「テーマ重視地誌」，ある地域像を総合的にバランスよく理解する「網羅累積地誌」，国境を越えたまとまりとしてとらえる「広域動態地誌」の 7 つの方法を示している．

6. 学習指導要領解説が示す 地理的な見方・考え方

平成 29 年の学習指導要領解説では，1992 年の地理教育国際憲章に基づき，地理的な見方・考え方を 5 つにわかりやすく分類している（表 0.1）．また平成 21 年の学習指導要領解説でも，異なる表現でこれが示されており，平成 29 年版にない内容も含まれるため参考になる（表 0.2）．表 0.2 の⑤に関連して，地域的特色を理解する際にも歴史的背景に留意するという，平成 21 年の指導要領では重視された記述が，平成 29 年版では削除されたが，地理を理解するうえで歴史的背景が重要なのは自明ともいえる．地理的な見方・考え方は，学習指導要領で示されたものだけではないが，主な見方・考え方とはいえるであろう．本書でも，身近な地域の特徴をこれらの地理的な見方・考え方を用いて読み解いていく．

なお，地理的な「見方・考え方」という用語は一括りのように扱われることもあるが，平成 21 年の学習指導要領では，「どのように」広がっているか，というような，地域や空間の実態のとらえ方が「見方」，「なぜ」そのようにみられるのか，というような，地域や空間の実態をもたらす背景や要因が「考え方」，と使い分けている．（牛垣雄矢）

文献

牛垣雄矢 2018.『君たちはどう生きるか』を手がかりとした社会科および地理学習による公民的資質の育成に向けての一考察．学芸地理 74：27-39.

牛垣雄矢 2022.『まちの地理学―まちの見方・考え方―』古今書院.

上杉和央・小野映介編 2023.『みわたす・つなげる地誌学』古今書院.

木内信蔵 1968.『地域概論―その理論と応用―』東京大学出版会.

高橋伸夫 1988. スケールの意義. 中村和郎・高橋伸夫編『地理学への招待』古今書院：63-70.

手塚 章 1991. 地域的観点と地域構造. 中村和郎・手塚

表 0.1　平成 29 年の学習指導要領解説で示された地理教育国際憲章（1992 年）に基づく地理的な見方・考え方

1) 位置や分布（地域の特徴を位置から説明する，気候的特徴の分布のパターンをみるなど）
　　人間と場所は，この地表面においてそれぞれ異なる絶対的位置と相対的位置とを有している．これらの位置は，財と人間と情報の流れで結び合わされており，地表面上での分布とパターンを説明してくれる．また，人間と場所の位置に関する知識は，地元，地域，国家，地球上でのそれぞれの相互依存関係を理解するための前提条件となる．

2) 場所（様々な要素の関係性から場所の特徴を理解するなど）
　　場所は，自然的にも人文的にも多様な特徴を示す．自然的特徴に含まれるものには，地形，土壌，気候，水，植生，動物，人間生活，などがある．また，人間は，それぞれの信念や哲学にしたがい，文化，集落，社会・経済システム，あるいは生活様式などを発展させる．場所の自然的特徴に関する知識，あるいは人々の環境への関心や行為は，人間と場所の相互依存関係を理解するための基礎となる．

3) 人間と自然環境との相互依存関係（自然の人間社会への影響，自然環境に対する人の働きかけなど）
　　人間は，自然環境を多様に利用する．また，様々な働きかけにより，多様な文化景観を造り出す．人間は，一方で自然諸要素の影響を受けるとともに，他方で，身の周りの環境を調和の取れた景観に変えたり，ときには不調和な景観へと変化させる．つまり，空間における複雑な相互依存関係への理解が，環境計画や環境管理，あるいは環境保護にとって大変重要なものとなる．

4) 空間的相互依存作用（貿易関係，移民の移動，周辺地域との関係，ODA を通した国家間の関係など）
　　資源は，一般にこの地球上に不均等に分布する．資源の自給自足ができる国など存在しえない．また，場所は，資源や情報を交換するために，運輸・通信システムにより結ばれている．さらに，空間的相互依存作用に立ち入ってみると，財や情報の交換，あるいは人口移動による人々の協力を理解することにつながる．また，空間的相互依存作用を探求することは，現代の問題を浮き彫りにしたり，地域的，国家的あるいは国際的な相互依存作用や協力関係の改善へのアイデアを提起したり，あるいは，貧困と富裕並びに人類の福祉への深い理解をもたらしてくれる．

5) 地域（指標により区分，変動，様々なスケールの空間がシステムとして統合されるなど）
　　ある地域は，固有の要素により特徴づけられた一定の空間的ひろがりをもつ区域である．例えば，政治的要素からみれば，国家や都市が，自然的要素では，気候や植生地帯が，さらに社会・経済的要素からは，開発の進んだ国々と低開発諸国などが区分される．地域は，空間的にも時間的にも躍動的なものである．地域は，研究のための，あるいは変貌をとげる環境としての基礎単位として取り扱うことができる．地理学者は，地域をいろいろと異なった規模，つまり地域社会，国家，大陸，地球規模で研究の対象とする．地域のもつ統合的システムは，一つの地球的生態系の概念へと導かれる．地球システムの中の異なる地域の構造と発展過程の理解は，人々の地域的，国家的アイデンティティ及び国際的立場を明らかにするための基礎となる．

　（　）は著者による補足説明.

表 0.2　平成 21 年の学習指導要領解説で示された地理的な見方・考え方

以下①が「地理的な見方」の基本，②が「地理的な考え方」の基本，③から⑤はその「地理的な考え方」を構成する主要な柱.

① どこに，どのようなものが，どのように広がっているのか，諸事象を位置や空間的な広がりとのかかわりでとらえ，地理的事象として見いだすこと．また，そうした地理的事象にはどのような空間的な規則性や傾向性がみられるのか，地理的事象を距離や空間的な配置に留意してとらえること．

② そうした地理的事象がなぜそこでそのようにみられるのか，また，なぜそのように分布したり移り変わったりするのか，地理的事象やその空間的な配置，秩序などを成り立たせている背景や要因を，地域という枠組みの中で，地域の環境条件や他地域との結び付きなどと人間の営みとのかかわりに着目して追究し，とらえること．

③ そうした地理的事象は，そこでしかみられないのか，他の地域にもみられるのか，諸地域を比較し関連付けて，地域性を一般的共通性と地方的特殊性の視点から追究し，とらえること．

④ そうした地理的事象がみられるところは，どのようなより大きな地域に属し含まれているのか，逆にどのようなより小さな地域から構成されているのか，大小様々な地域が部分と全体とを構成する関係で重層的になっていることを踏まえて地域性をとらえ，考えること．

⑤ そのような地理的事象はその地域でいつごろからみられたのか，これから先もみられるのか，地域の変容をとらえ，地域の課題や将来像について考えること．

　　章・石井英也『地域と景観』古今書院：107-184.

西川　治 1985.『人文地理学入門―思想史的考察―』東京大学出版会.

西川　治 1996. 地理学の特徴. 西川　治編『地理学概論』朝倉書店：3-16.

矢ケ﨑典隆・加賀美雅弘・牛垣雄矢 2020.『地誌学概論　第 2 版』朝倉書店.

山口幸男編 2011.『動態地誌的方法によるニュー中学地理授業の展開』明治図書出版.

吉野源三郎 1982.『君たちはどう生きるか』岩波書店.

1. 東京の外港としての横浜の歴史

【世界と東京を結ぶ玄関口】

　横浜市は，2023 年 2 月の推計で 376 万の人口を擁し，それだけでみれば大阪市を上回る国内第 2 位の大都市といえる．その成長の契機は，江戸末期にアメリカと結んだ日米修好通商条約に伴う開港による．その歴史は 160 年程度であり，県庁所在地クラスの都市としてはそれほど古くはない．その横浜が，なぜ国内屈指の大都市に成長したのか．幕末期に開港した 5 つ（函館，新潟，横浜，神戸，長崎）の中のひとつという以上に，首都である東京に近接し，その中心都市と強く結びついた外港の役割を担った意味は大きい．1872（明治 5）年，日本初の鉄道が居留地のあった築地に近い新橋と横浜（現在の桜木町）間に開通したのも，東京の外港としての位置づけによる．これにより横浜は，世界と東京とを結ぶ玄関口としての役割を担うこととなる．国内外における物流の拠点でもあり，例えば 1877（明治 10）年の国内シェアは輸出 69%，輸入 75% を占めた．

【開港場が神奈川から横浜へ】

　日米修好通商条約では，高校の日本史でも学ぶように，当初は宿場町があった「神奈川」を開港地としていた．神奈川は大動脈である東海道沿いの宿場町で人通りも多い．当時，井伊直弼の独断でこの条約を結んだために尊王攘夷志士を中心に国中で反幕府・反外国人の雰囲気が蔓延しており，薩摩藩士がイギリス人に切りかかる生麦事件やその後には薩英戦争なども起きていた．その状況下で神奈川に港を開くことを幕府はためらい，東海道から外れ，当時は小さな漁村であった横浜を開港地とした．

【横浜スカーフ】

　横浜ファッションのひとつに，地場産業の横浜スカーフがある．高度経済成長期の頃には国内外における生産量のかなりを占めていたともいわれる．シルク（絹）を浮世絵版画の捺染という技術で色付けをしたのが横浜スカーフであり，横浜港に生糸・絹糸や絹織物が集まったことがその地場産業の発展につながったといわれる．

2. 大都市としての横浜，郊外としての横浜

【都心部の空間的機能分化】

　横浜は国内屈指の大都市であり，オフィスや公共施設，店舗といった都市機能の量も多いため，これらは同質のものが集積して空間的に分化する（図 1.1）．関内はオフィスや公共施設，伊勢佐木町や横浜駅周辺は商業施設，野毛は飲み屋や演芸

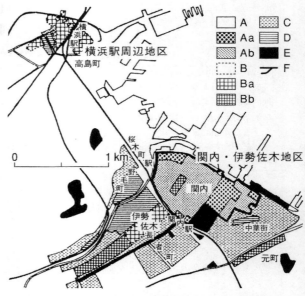

図 1.1　都心部と周辺地域の機能区分（1988 年）
A：中枢管理地区，Aa：行政機能の強い街区，Ab：事務管理機能の強い街区（一次的卸売商業機能＜都市型＞を含む），B：中心商業地区，Ba：一次的小売商業機能の強い街区（都心商店街），Bb：二次的小売商業機能の強い街区，C：二次的卸売商業機能＜混在型＞の強い地区，D：娯楽機能の強い地区，E：公園，F：鉄道　　（佐野 2009）

場など娯楽施設が目立つ．空間的機能分化は大都市ならではの現象であり，例えば東京でも永田町は政治，霞が関は行政，大手町や丸の内はオフィス，銀座は商業などの機能に特化するのに対して，例えば県庁所在地でも人口 20 万人弱の甲府市では，これらの施設は混在している．

【複核から単核構造へ】

　図 0.3 や，バージェスやホイトの都市内部構造論が示すように，大都市の中心部には都心という核が存在し，一般的には最初はひとつで，都市の拡大とともに副次的な核（副都心）が形成される．それに対して横浜は，当初は関内を中心とした単核構造で，第二次世界大戦後（以後戦後とする）に横浜駅周辺が開発されたことで複核構造となるが，さらにその後に両地域の間，図 1.1 では開発途中で白く表現される埋立地にみなとみらい 21（以後 MM21 とする）の開発が進んだため，小さなふたつの核が大きなひとつの核となった．

　このように，幕末の開港以来の歴史がある関内に隣接する場所で大規模な再開発が行われた．横浜の都心部では，MM21 を中心に先進的でオシャレなイメージがありながらも，港町としての歴史性を感じることができるのは，開発を進める地区と歴史性を残す地区がうまくすみ分けられていることによるとも考えられる．

【通勤流動】

　横浜市民の通勤先と横浜市での就業率を図 1.2 よりみる．次章でもみるように，都市の地域構造をみる際に通勤流動は有効な指標となる．MM21 や関内などが位置し横浜の都心部である中区などに向かって周辺区から通勤者が集まっており，これらの区では自市就業率が高い．図 0.3 のように，郊外の住宅地から都心部のオフィス街へ通勤者が移動する，横浜というひとつの都市としての動向がみられる．一方，港北区や青葉区といった北部の区では，近接性から千代田区や港区といった東京の都心部への通勤者が多く，自市就業率も低い．横浜市がより広い空間スケールでみると東京大都

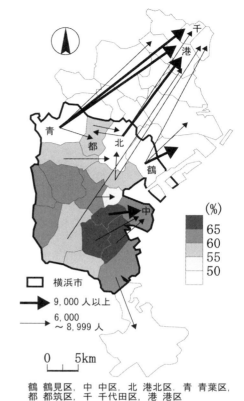

図 1.2　横浜市民の自市就業率と通勤先（2015 年）
（国勢調査により作成）

市圏の郊外に位置づけられ，それは市の北側で特に顕著なことがわかる．

　まったく別の指標から通勤流動と地域構造を考えてみる．南関東 1 都 3 県における市区町村別の昼夜間人口比率を示した図 1.3 をみると，中区は 161.2，周辺の区は 90 以下であり，中区は昼間に周辺から人を引き付けていることがわかる．最も高い値が広がるのは東京の都心部であり，千代田区は 1460.6 にもおよぶ．東京大都市圏の都心部として，千代田区とその周辺の区が位置づけられるのに対して，横浜市中区や千葉市中央区，さいたま市大宮区などはその郊外核と位置づけられる．図 1.2 とはまったく異なる指標ではあるが，通勤流動と似た現象を読み取ることができる．

　なお，図 1.3 の全体的な傾向としては，千代田区を中心とした東京の都心部で 110 以上の地域が

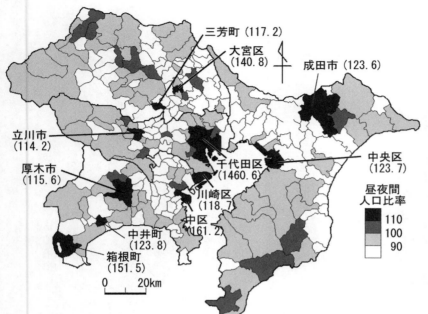

三芳町 (117.2)

大宮区
(140.8)

成田市 (123.6)

立川市
(114.2)

厚木市
(115.6)

千代田区
(1460.6)

中央区
(123.7)

川崎区
(118.7)

中区
(161.2)

中井町
(123.8)

箱根町
(151.5)

0   20km

昼夜間
人口比率

110
100
90

図1.3　南関東一都三県
における市区町村別の
昼夜間人口比率（2015年）
（牛垣2020に加筆）

広がり，その周辺には最も低い90未満の地域が広がる．これは90未満の地域から110以上の地域へ通勤流動が生じている表れである．一方，90未満の地域よりもさらに都心部から離れ都県境付近になると，90以上100未満の地域が広がっている．ここまでくると東京の都心部へ通勤するには遠いことに加え，中山間地域で第一次産業従事者も増えるため，職住近接の生活を送る人が比較的多いとも考えられる．

【昼夜間人口比率が高い理由を考える】

　横浜から話がそれるが，図1.3において上記以外で昼夜間人口比率が高い地域について，その理由を考えてみる．千葉県成田市は成田国際空港があり，空港関連業務や店舗等で就業する人，また空港は物流拠点でもあるために周辺の物流関連施設に従事する人などを，周辺地域から引きつけていると考えられる．また成田山新勝寺の周辺に観光関連の店舗が集積することも無視できない．同様に神奈川県箱根町は国内を代表する温泉町であり，周辺地域から旅館や土産物屋で勤める人を引きつけていると考えられる．指標の特徴を理解し，その空間的なパターンやその背景を考察する

のも，重要な地理的な見方・考え方である．

3. 港町の雰囲気と異国情緒が漂う 横浜都心部

【元町】

　横浜の都市としての歴史は開港によって始まったため，港町として歩んできた歴史の雰囲気と異国情緒がまちに漂っている．例えば元町は，商館が立ち並んだかつての関内居留地と住宅が並ぶ山手居留地を行き来する外国人向けの店舗ができ，例えば「ウチキパン」は日本における食パン発祥の店として知られる．ペコちゃんで知られる洋菓子の不二家も開業の地は元町である．アメリカから派遣されたプロテスタント宣教師が山手居留地に創設したフェリス女学院などの女学校が多く存在することも影響し，1970年代後半には，元町で全身をコーディネートするハマトラファッションがブームとなった．東京の原宿も大阪のアメリカ村も，日本を代表するファッションタウンは欧米とのつながりが契機だが（牛垣2022），元町もその影響が大きい．

　元町を歩くと，価格の安い大手企業のファスト

ファッションやチェーン店は少なく感じる．喫茶店の店頭のメニューや洋服店の値段をみても比較的価格が高いようにも感じるが，だからこそチェーン店ばかりのどこにでもある商店街ではない，元町らしさを維持しているようにもみえる．

　表通りの元町通りもよいが，ウラまちに当たり平行する元町クラフトマンシップストリートは，「食と職の職人のまち」を銘うち，個性的な個人店が並ぶ．裏通りは地価の安さからチャレンジングな商品を提供する個人店が立地しやすく（牛垣2022），元町に新たな魅力をもたらしている．

【中華街】

　元町と中村川を挟んで向かい合う横浜中華街は，中国から訪れた人びとが開いた飲食店のまちである．この形成の契機も前掲の修好通商条約にある．これを結んだアメリカ，イギリス，フランス，オランダ，ロシアとの間では貿易が開始されるが，商談の際に言葉の壁があった．そこで重宝されたのが，日本人と漢字を用いた筆談が可能な中国人であり，主要な貿易港には，欧米商人に帯同した中国人が多く集まった．今日，日本国内の代表的な中華街が横浜，神戸，長崎にあるが，いずれも幕末に開港した都市であることがわかる．

　横浜を代表する観光スポットとして多くの人で賑わい，写真映えを意識したぼんぼりや食べ歩き，いちごなど果物の飴やタピオカミルクティーなど流行りの商品が目立つ（図1.4）．2004〜21年にはお笑いの吉本興業などが運営した「おもしろ水族館」があったが，地域の文脈に合わない施設や店舗を維持するのは難しい．表通りは人通りが多く観光地化が進むが，一歩裏通りへ行くと中国人の同胞向けに食材を提供する店舗もみられる．

【関内】

　日本で最初の実測図である迅速測図から，1881（明治14）年当時の様子を図1.5よりみる．幕末期，中村川，大岡川，派大岡川に架かる橋にはトラブルを回避するために日本人（特に武士）の出入りを管理する関門がおかれ，その海側が関内，逆側

図1.4　インスタ映えを意識したぼんぼりと，食べ歩きで賑わう中華街（2023年11月撮影）

が関外とされた．関内の呼称は住居表示にはなく，京浜東北線や地下鉄の駅名のみに残る．

　現在の横浜スタジアムの場所は公園とある．イギリスの上流階級の間で人気だったクリケットのグラウンドがあり，1896（明治29）年には旧制第一高等学校（現在の東京大学教養学部等）と横浜在住米国人チームとの間で国際野球試合が行われた．1934（昭和9）年にはベーブ・ルースやルー・ゲーリック率いる米大リーグオールスターと全日本チームが試合を行うなど，横浜スタジアムは野球を通じて日本と世界を結ぶ場所であった．

　その横浜スタジアムから港湾方面に日本大通りが通り，以東が外国人町，以西が日本人町とされた．図1.5をカラー地図でみると（牛垣2023），外国人町に赤色の建物がみられ，これは坥工（レンガや石製）家屋を意味する．現日本大通りは日本初の西洋式街路であり，広い幅員と歩道，植樹帯を有し，当時は火除地としての役割を果たすとともに，下水道が整備され横浜の近代下水道の発祥の地でもある．通りに面して現在の神奈川県庁がある場所には，関税の徴収など目の前の港湾で行われる貿易を取り締まる税関（江戸末期から明治初期の呼称は運上所）があった．

【イセザキモール】

　関内に対して，吉田橋の関門の外に位置するのが現在のイセザキモール（伊勢佐木町通り）である．関内から真金町の遊郭へ向かう通り道でもあ

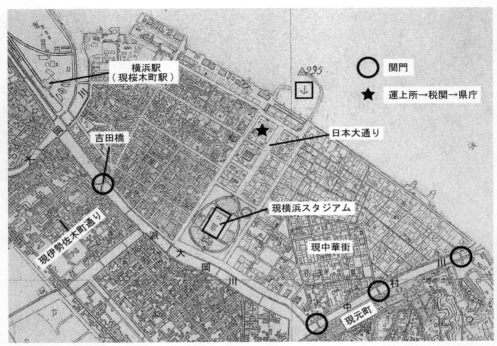

図1.5　1881（明治14）年における横浜の関内と関外の様子（牛垣2023）　　2万分の1迅速図に加筆.

り，早くから横浜の繁華街として賑わった．かつて野沢屋などの百貨店もあり，銀座をぶらぶら歩くことを「銀ブラ」，ここをぶらつくことを「伊勢ブラ」といった．ここにあった映画館オデヲン座では日本初の洋画が上映された．この日本映画史にとっては重要な映画館も2000年に閉館し，2023年2月現在では商業施設ドン・キホーテに変わり，エレベーターのある入り口の上部に「NEW ODEON」の表記が僅かな痕跡として残されている．近年は横浜駅周辺やMM21の開発に押され，まち中の雑居ビルには空室が目立つが，そこにエスニック料理店が入居する傾向もみられる（堀江2015）．

【野毛】

野毛は，伊勢佐木町とは大岡川を挟んで西側に位置する．戦後，伊勢佐木町が進駐軍により接収されたのに対して，野毛は日本人向けの闇市として賑わった．その雑然とした雰囲気は，今日も様々なタイプの飲食店が集まるまちに残されている．人気テレビ番組の企画「きたなシュラン」三ツ星

の有名店である三陽も，一見入りにくい雰囲気が漂うが，店員の接客は丁寧，餃子や自家製味噌ダレネギ鳥など人気メニューの味は確かである．付近には格式の高さを感じる演芸場の横浜にぎわい座があると思えば，場外馬券場のWINSがあるなど，様々な用途が混在する．

【みなとみらい21（MM21）】

MM21は，かつて造船所や操車場，港湾関連施設だった一帯を再開発した場所で，機能が失われた施設を産業遺産として活用した先駆的な事例である．産業遺産の代表的な事例にはほかに長崎の軍艦島などがある．そのうち赤レンガ倉庫（図1.6）は，輸入貨物の関税徴収を一時的に留保する手続きを済ませた外国貨物を，通関完了まで保管する倉庫として使われた．世界的なコンテナ普及（11章参照）によって横浜港でも主役が他の埠頭へ移り，この倉庫も1989年にはその役割を終えるが，内装を修復し雑貨店など若者に人気の店舗を入れることで観光施設として再活用された．

産業遺産の活用事例としてもうひとつがドック

図 1.6　産業遺産活用の先駆的存在・
横浜赤レンガ倉庫（2009 年 9 月撮影）

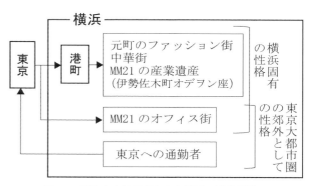

図 1.7　港町を中核事項とした横浜の動態地誌

ヤードガーデンである．ドックは船を建造・修理するための港湾施設であり，これは日本に現存する商船用の石造りドックとしては最古のものである．壁の内部には飲食店などの店舗が入り，ドックは様々なイベントなどで利用されている．

　また MM21 には，ランドマークタワーなどのオフィスビルも建設されている．これは東京都心部に集まり過ぎたオフィスを分散させるための業務核都市構想によるが，バブル崩壊に伴う地価の下落でオフィスも東京都心部へ回帰したことで（8 章 8 参照），当初は思うようにオフィスは集積せず，しばらく広大な空地が広がっていた．横浜市は当初はオフィスを誘致して昼間人口とともに法人税を増やすことを意図したが，遊休地として眠らせておくわけにはいかず，マンション建設も進めることとなった．これによって 2000 年代後半には MM21 の人口は急増するが，元々住宅地ではなく，またそれを想定した地区でもなかったため，例えば医療施設や図書館といった生活に必要な施設が不足するといった問題が生じた（2013 年 11 月 7 日の日本経済新聞朝刊より）．一方，日産や富士フイルムビジネスイノベーション（旧富士ゼロックス）の本社が立地するなど，近年ではオフィス誘致も進んでいる．

4. 港町を中核事項とした横浜の動態地誌

　横浜の地理的特徴としてあげられる事象を抽出

し，関係性をまとめたのが図 1.7 である．横浜は幕末の開港から東京の外港として位置づけられたことで急速に成長し，その地理的特徴には港町としての雰囲気が随所にみられる．そのため横浜の地理的特徴を把握する際には，港町という事象を中核事項とし，それとの関係で他の事象との関わりをみると，構造的にとらえやすい．

　一方，港湾機能が東京との関わりで形成されたように，オフィス街の形成や東京への通勤者の多さなど，横浜の地理的特徴は東京との関わりでもたらされたことも多い．毎年，各社の「すみたい街ランキング」などで上位に選ばれるなど，横浜としての固有の性格や魅力を有する一方で，東京大都市圏の郊外都市としての性格も有する．東京とのつながりに裏打ちされた港町としての歴史によって築いてきた地域性こそが，横浜の本質的な地理的特徴といえよう．　　　　　　（牛垣雄矢）

文献

牛垣雄矢 2020. 都市圏と都市構造. 上野和彦・小俣利男編
　『東京をまなぶ』古今書院：24-29.
牛垣雄矢 2022.『まちの地理学―まちの見方・考え方―』
　古今書院.
牛垣雄矢 2023.「港町」と「東京とのつながり」からみた
　横浜の地誌. 地理 68（5）：56-64.
佐野　充 2009. 横浜地区. 菅野峰明・佐野　充・谷内
　達編『日本の地誌 5　首都圏 I 』朝倉書店：307-329.
堀江瑶子 2015. 横浜市中区伊勢佐木モールにおけるエス
　ニックビジネスの進出. 地理空間 8（1）：35-52.

1. 川崎の "地理的位置"

　地理学においては，地域を学ぶ際や研究発表する際に，最初にその位置を確認することが多い．これは「とりあえず確認する」ということ以上に意味がある．地域の特徴を把握しようとする際に，その地域そのものを調べる必要もあるが，同時に周辺地域との関わりによって地域が特徴づけられる場合も多く，地域を知るにはより広域の地域の中でどのような場所に位置するかが重要となる．例えば本章で扱う川崎の場合，首都である東京と1章でみたように歴史的に国内を代表する港町である横浜に隣接するという点は重要である．表0.1の平成29年の学習指導要領解説で示された地理的な見方・考え方でも「1) 位置と分布」があり，このようなニュアンスで位置をとらえる際には「地理的位置」と表現する場合がある．

2. 工業化の歴史の中で築かれた地理的特徴

　地域の特徴を把握する上でその歴史をみることも多いが，いつまで遡るべきか．地理学では，今の地域の特徴を把握することに主たる関心がある場合，今につながる過去まで遡ることが多い．

【宿場町と川崎大師】

　都市としての川崎の発展として最初の契機は，江戸時代に東海道の宿場町が設けられたことにある．当初，川崎宿はなかったが，多摩川を渡る「六郷の渡し」に乗船する際に足止めされるため，旅人からの陳情によって設けられた．歌川広重の「東海道五十三次」でもここでは六郷の渡しが描かれる．現在は箱根駅伝でも通る六郷橋が架かり，その欄干には渡し舟のモニュメントがみられる．

　なお川崎宿は東海道沿いの他の宿場町と比べて小規模であったが，今も人気の川崎大師には徳川将軍家が4代続けて厄除け詣に訪れるなどにより多くの庶民が訪れたという．

【日本で3番目に開業した川崎駅】

　1880（明治13）年の迅速測図をみると，川崎宿の一部を除き一帯は水田などの農村だが，「川崎停車場」が開設されている．1章の1.でみたように日本初の鉄道開通が新橋 - 横浜（現桜木町）駅間ということは，中学の歴史でも学びよく知られているが，実はほぼ同時に品川駅と川崎駅も開設していることは認知されていないように思える．頭の中で空間的に新橋駅と横浜駅の位置を描いてみれば，その間には現在の東海道線でも品川駅と川崎駅があるため，両駅が早い時期に開設された可能性があることは想像できそうではあるが，これが認識されていないのは，学校の社会科で学ぶ事柄を空間的にとらえる癖がついていないことが一因と思える．ここを地元とする著者も，このことを認識したのは大人になってからである．

　なお，小さな宿場町にもかかわらず川崎宿の近くに駅がおかれたのは，川崎大師の存在があげられる．この駅の存在が，明治後期に加速する工場の集積の一因となる．

【工場集積の背景】

　川崎が都市として成長した最大の理由は工場の集積にある．工場が増えればそこで働く人が住むために人口が増加し，その人々が生活するために必要な店舗が集積する．自治体としても税収が増え，インフラ，公共施設や社会保障が充実して生活環境が向上し，さらなる人口増加が期待できる．

　1925年当時の工場の立地を示した図2.1をみると，明治製糖や東芝など，最初は川崎駅周辺へ立地した．これは当時の町長による積極的な誘致活動が背景にある．その後，京浜急行大師線沿線，臨海部の埋立地，南武線沿線と立地の中心が移るが，川崎は京浜工業地帯の一角として国内を代表

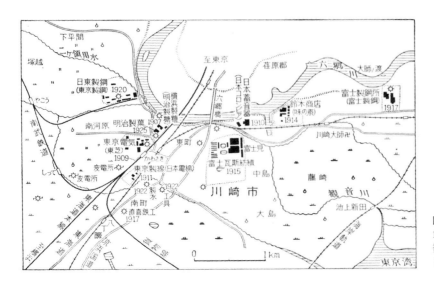

**図 2.1　川崎駅周辺における
1925 年の工業立地**
数字は操業開始年代．
（日本地誌研究所編 1968）

する工業都市へと成長した．

　川崎に工場が集積した背景は以下の通りである．

　①東京という大消費地や原料・製品の輸送に使う横浜港への近接性：工場はものを作る場所であり，消費者や港へ近接することで輸送費を減らすことができる．これは高校の地理で学ぶ工業立地論にも当てはまる．加工することで原料よりも製品が軽くなる製鉄所などの工場は資源立地型とされるが，日本国内で考えた場合，海外で産出される原料は国内の港から輸入されるため，国内でいえば原料に最も近いのが港となる．

　②広い土地の存在：東京は，高層な住宅はなく平屋のみであった江戸時代にもすでに 100 万都市であったため，明治末期の時点でかなり広範囲が市街地化しており，工場用地として広い土地の取得は困難であった．一方，川崎は農村地帯が広がり，土地の取得が比較的容易であった．

　③川崎駅や京浜急行大師線の存在：貨物輸送に利用できる鉄道の存在が背景にある．また京浜急行のウェブサイトによると，京浜急行大師線は関東初の電気で走る「電車」であり，自給自足のために火力発電所を建設し，余剰電力を周辺の工場に供給したことも工業化の背景とされる．またこれにより川崎大師が遠方への寺社参拝の先駆けになったともいわれる．

　④その他：工場用水や公害問題以前は排水，物資の運搬のための舟運で多摩川が利用された．また工場誘致を積極的に進めた町長などのキーパーソンの存在も工業化の背景としてあげられる．

【発展の象徴としての工場】

　一帯が農村であった川崎に工場が集積したことにより，ここで働く人々は現金収入を得ることができ，当時は工場やその煙突，ものを作っている証でもある工場の煙が，地域の発展の象徴とされた．ある川崎市立小学校の校歌には「煙立ち　鉄の塔立つ　大空に　希望のひとみ　かがやかし」とあり，工場を歓迎していた戦前の雰囲気を感じさせる．公立小中学校は近隣に住む子どもが通い地域に根づいているため，校歌に地域性が反映されている場合も多く，地域学習で活用してもよい．

**【在日韓国・朝鮮人集落と多文化共生社会
　に向けた取り組み】**

　川崎区浜町には，かつては在日韓国・朝鮮人が経営する焼肉屋が数多く立地し，出入口には「KOREA TOWN」と書かれたゲートが存在した．戦前から工業都市であった川崎や大阪には，1910年の韓国併合以降，工場労働力として，また川崎の場合は多摩川の砂利採取のための労働力として移住してきた在日韓国・朝鮮人の集落が存在した．戦後，日本に留まった人が，日本人が食べないホ

ルモン肉を韓国風の味付けで提供するようになったことから，焼肉屋が増加したといわれる．

彼らの中には，高校進学や就職活動などの機会で差別的な扱いを受けたこともあり，そのような差別撤廃のための運動が早くから展開されたが，最初は受け入れられなかった．しかし公害が問題化し，工業化による経済の活性化よりも環境問題を重視することを公約に掲げ，革新市長と呼ばれた候補者が選挙に勝つと，行政の体質も徐々に変わった．市役所の中にも差別撤廃の取り組みに耳を傾ける職員や，彼らの運動に共感する大学・高校の教員等もあらわれ，地域として在日韓国・朝鮮人問題に取り組みだしたという（金 2007）．

近年では，小学校教科書『小学社会6下』（教育出版，2012年発行）でも，多文化共生を目指した川崎市の取り組みが紹介されたが，差別問題が解決したわけではない．最近でも，在日外国人に対して差別的な発言を繰り返す「ヘイトスピーチ」が川崎区を中心に行われたが，川崎市ではいち早くこれらの行為に対する刑事罰付きの条例を制定するなど，外国人居住者に向けた政策を他の自治体に先行して行っている．このような人権と公害問題はまったく異なる事象にみえるが，川崎

という地域的枠組みでとらえると因果関係としてつながっていることがわかる（図2.2）．

【環境問題に向き合い環境先進都市へ】

川崎の工業が盛んになると，ぜんそくなどの健康被害が生じ，公害と認定された．2019年3月11日の段階で死者数は累計2,699人におよぶなど，大きな被害をもたらした．しかし今日まで，この公害の反省として排ガス，廃液等の廃棄物を極力出さない技術が高められ，環境先進都市・エコシティともいわれる．各企業による努力のほか，紙，水，生ごみなどの廃棄物をできるだけ施設内で再利用し，施設外へゴミを出さないことを理念とする川崎市ゼロ・エミッション工業団地も存在する．

エコシティとしての取り組みは北九州市でも盛んだが，それは最初からではなく，公害による苦い経験への反省から生じている．今日では環境先進国として知られるヨーロッパも同様で，世界で最初に産業革命が起き工業化が進んだことで，最初に環境問題が生じた．特にヨーロッパは日本と異なり各国が陸続きであるばかりか，偏西風によって例えば西ドイツで発生した工場のばい煙がポーランドに被害をもたらすため，問題は複雑であった．環境問題に関する世界初の大規模な政府間会合は，1972年にスウェーデンのストックホルムで開催された．

このように，いち早く環境問題が発生したものの，その問題に向き合い対策をしたことで，今日では環境に対して先進的な地域と認識されている．問題や課題が生じても，それにしっかりと向き合い対策することで未来が切り開けることは，先述の在日韓国・朝鮮人に対する人権問題も同様であるばかりか，人間や人生全般で共通する普遍的なことにも思える．

【工場から研究所への転換と就業者の変化】

1990年代になると，他の工業都市と同様，安い労働力や土地代を求めて発展途上国や国内の地方へ工場が移転し，産業の空洞化が生じるが，川崎はそこからの再生が早かった．例えば，もの

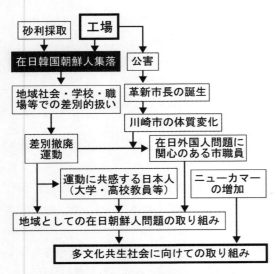

図2.2　川崎市における在日韓国朝鮮人の集住から多文化共生社会に向けてのプロセス（牛垣 2021）

図 2.3　川崎駅付近に立地する
キヤノンの主力研究所（2017年撮影）

を生産する工場から研究開発（R&D:Research and Development）を担う施設に代わり，川崎には企業や大学，市や県の研究所が数多く立地し，例えば JR 川崎駅の近くにはキヤノンの主力研究所が立地する（図 2.3）．2015年の国勢調査によると，学術研究，専門・技術的職業従事者割合は，21ある政令市の中で 2 位であり（牛垣 2020），かつて工業都市として，いわゆるブルーカラーともいわれた単純作業を担う労働者が多い地域から，高度な知識や技術を要する研究開発に携わる就業者が多い地域へと変わりつつある．

【工業夜景と工場のもつ多面性】

　2000年代以降，川崎区臨海部の工場夜景やこれを見学する屋形船が人気だ．演出でライトアップするわけではなく，夜に浮かぶ工場の明かりが幻想的で，近未来や宇宙ステーションなどとも形容される．夜の工場地帯へ訪れると，一眼レフカメラを片手に訪れる人を見かける．こういった傾向は他の工業地帯でもみられ，12 の都市で「全国工場夜景サミット」が行われている．

　近年は SNS の存在もあり人気の工場夜景ではあるが，課題もある．川崎臨海部の工場地帯には店舗がなく，多くの人が訪れても地域が経済的に潤うわけではない．東京に近接し日帰りが可能なため，工場夜景をみにきた人が宿泊することも少ない．帰り際に川崎駅周辺で食事をすることはあり得るが，夜景の人気ほどには経済効果が小さいことが課題である．

　このように工場に対する評価やイメージは，時代とともに変化してきた．戦前は発展の象徴，後には公害の元凶とされ，今日は写真「映え」の対象とされる．工場が，地域に対して経済的にプラスの影響をもたらすことも，人体や環境的にマイナスの影響をもたらすことも事実である．工場に限らず，多面性のある事象に対しては，特定の観点に偏るのではなく多面的にとらえる必要がある．

【音楽のまち政策と工場との関係】

　かつての川崎は，公害や工業都市としての住民層の影響から街が汚い，治安が悪いといった負のイメージが強く，それは大気の状態が改善された2000年代も続いた．その悪いイメージを改善するために川崎市が打ち出したのが「音楽のまち　かわさき」政策である．道路交通法によって禁止されている路上のパフォーマンスやライブ活動を，手続きのうえで行うことを認めており，川崎駅東口などではこれらの活動が活発にみられる．この政策の核施設がミューザ川崎（図 2.4）である．ここは日本最大級のパイプオルガンを備える音楽ホールを有し，フランチャイズ契約を結ぶ東京交響楽団のコンサートや練習，地域の住民や子どもたちによる合奏や合唱イベント等でも使われる．近年では，「音楽のまち かわさき」政策も市民に浸透しつつあるようにも思えるが，そのきっかけも工業都市であったことと関わる．

図 2.4　「音楽のまち かわさき」の核施設
ミューザ・シンフォニーホール（2017年撮影）

18

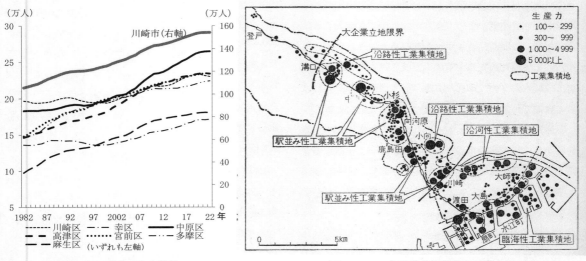

図2.5　川崎市の人口推移
（川崎市の資料により作成）

図2.7　1963年当時の川崎市の工業立地
（日本地誌研究所編 1968）

図2.6　一定の間隔でマンション群がみられる川崎市南部の景観（2017年撮影）

3. 人口・マンションからみる地理的特徴
【マンション立地と工場の因果関係】

　川崎市の人口は増加し続けており，2023年8月現在は154万人である．政令指定都市の中では，横浜市，大阪市，名古屋市，札幌市，福岡市に次ぐ6番目となる．市内7つの区いずれも増加するが，タワーマンション群で有名な武蔵小杉がある中原区で特に近年の増加が顕著である（図2.5）．

　人口が増え，多くの人が住むため，景観的にはその受け皿としてマンション群がみられる．図2.6には，JR南武線の矢向駅，鹿島田駅，武蔵小杉駅の付近に立地するマンション群が一定の間隔でみられ，今日の川崎の景観的特徴が表れている．このような立地傾向がみられる背景として，以前は工業都市であったことと強く関わる．図2.7は

工業都市時代の工場立地を示し，臨海部や南武線沿線のいくつかの駅周辺に集積している．かつての工場は，陸上での貨物輸送は鉄道が主流であり，物資を輸送してきた貨物列車は工場へ乗り入れる場合も多く，当時の工場は駅に隣接して立地する必要があった．しかし前節でみた通り，工場が海外や地方へ移転すると，駅前という好立地の場所に広大な空地ができ，広い土地を必要とするマンションを建設するのに格好の場所となった．

　このように，マンションと工場という川崎の新旧の主要な要素は，性質はまったく異なるものの，因果関係として強く関わっているのである．

　マンション群として最も知られる武蔵小杉駅周辺も，かつては多くの工場が立地していた（図2.8）．2000年代初頭にはほとんど高層ビルが存在

図 2.8　2000 年当時の武蔵小杉駅周辺の工場分布
（1 万分の 1 地形図「武蔵小杉」（97%）に加筆）

しなかった地域に，JR 湘南新宿ラインの開通や，鉄道各社による相互乗り入れにより，今では在来線で関東各地へ乗り換えなしで行くことができる鉄道交通の利便性もあり，一気にタワーマンションが立地し人口が急増した．しかしそれにより朝の通勤時間帯における武蔵小杉駅の混雑やビル風，日照権の問題など，新たな地域問題が生じている．駅付近には防風壁を設置するコンビニエンスストアもみられる（牛垣 2020）．

【「ものづくり空間」から「生活空間」へ】

川崎で生じた変化は，単に工場がマンションに代わっただけではない．JR 川崎駅の西側一帯における戦後の 1 万分の 1 地形図をみると（図 2.9），現在マンションが立地する場所の多くは工場跡地である．また JR 矢向駅の北側から東京製綱川崎工場や多摩川方面へ伸びていた貨物線路は，現在は緑道や公園になっている．

工場や貨物鉄道は地域住民の生活には直接関わりがなく，ばい煙や騒音・振動が生じる点では望ましい存在ではない．当時の川崎は生活のための空間というよりは，ものを作るための「ものづくり空間」であった．それが，工場はマンションや商業施設に代わり，貨物線路は生活を豊かにする公園や生活を結びつける緑道に代わったことは，地域が「生活空間」へと大きく変化したことを意味する（牛垣 2018）．地理学で地域の変化をとらえる際には，工場からマンションへというように，単に要素の変化としてではなく，地域を面でとらえ，人々の生活を想像し，質的な変化を読み解くことが求められる．

【通勤行動からみる東京との関係の変化】

多くのマンションが立地し人口が増加する背景には，多くのオフィスが集積し就業者の受け皿となる東京の都心部に近接し，先述のとおり鉄道での通勤がしやすいこともあげられる．図 2.10 は，1985 年と 2020 年における川崎市民の通勤先を示す．工業都市時代に近い 1985 年には，工場が集積する川崎区をはじめ南部の区では自区就業率が高いのに対して，2020 年にはこれが低下し市全体で東京区部への通勤者が増えている．川崎は，東京と強く関わる工業都市から，東京郊外のベッドタウンへと変化したとも解釈できる．

4. 商業からみる地理的特徴

【人口の割に小さい商業規模】

人は生きるうえで商品を購入する必要があるため，基本的には地域の商業規模は人口に比例する．川崎市の場合，東京区部を含む 21 の政令指定都市の中で，2016 年当時，人口は 8 位，小売業年間商品販売額は 12 位である．しかしその人口一人当たりの額は 21 位と最低である．川崎市は，人口が多い割に商業規模が小さいのはなぜか．それは銀座や新宿・渋谷といった商業規模の大きい繁華街に近接することが大きい（図 2.11）．川崎

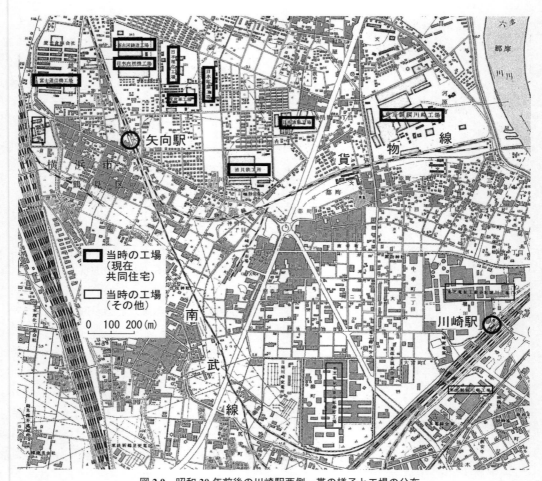

図 2.9　昭和 30 年前後の川崎駅西側一帯の様子と工場の分布
（1 万分の 1 地形図「矢口」昭和 33 年発行，同「鶴見」昭和 29 年発行（59%）に加筆）

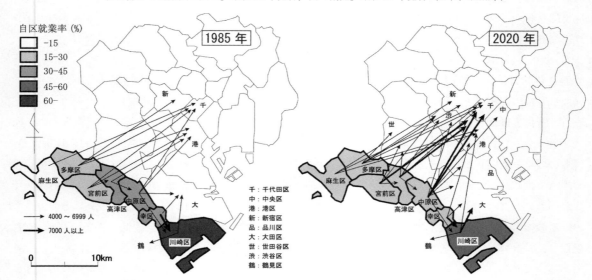

図 2.10　川崎市民の自区就業率と通勤先の変化（1985 ～ 2020 年，国勢調査により作成）

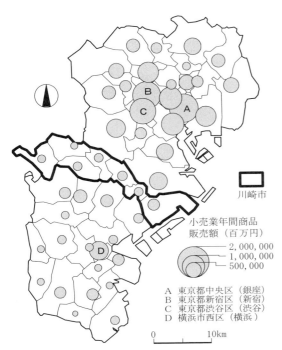

図 2.11　川崎市とその周辺の商業規模（2016 年）
（経済センサスにより作成）

駅，武蔵小杉駅，武蔵溝ノ口駅，登戸駅といった各区の中心駅から，東海道線，東急東横線・田園都市線，小田急線を使って数十分，百数十円でこれらの繁華街へアクセスできるため，川崎市民は買回り品を中心に市外で購入することも多い（牛垣 2008）．これは，前節でみた通り東京区部へ通勤する人が多く，日常生活において関わりが強いことも影響している．

【中心商業地は百貨店ではなくドラッグストア】

例えば広島や仙台など，交通アクセスに優れる大都市の中心商業地には，地元の百貨店や世界的な高級ブランドの専門店などの買回り品店が立地することが多い．それに対して，川崎市の中心商業地の一角といえる銀柳街（ぎんりゅうがい）にはドラッグストアが複数立地するなど最寄り品店が多く（牛垣 2018），単体の建物をもつ百貨店は 2015 年 5 月にさいか屋が閉店してからは存在しない．人口 150 万都市であるにもかかわらず百貨店が存在しないのも，東京の繁華街に近接するとともに工場労働

者のまちであった川崎の特徴といえる．

5. 川崎駅周辺の再開発と　ジェントリフィケーション

JR 川崎駅は，JR 東日本管内の駅の乗車人員数で 11 位，神奈川県内では横浜駅に次ぐ 2 位（2022 年度）を誇る．この駅周辺の土地利用も近年は大きく変化しており，川崎を象徴する変化，川崎に大きな影響をもたらす変化がみられる．

【ラゾーナ川﨑プラザの人気の理由】

JR 川崎駅の西隣に立地していた東芝の事業所（図 2.1，図 2.9）の跡地には，2006 年にショッピングセンターのラゾーナ川﨑プラザが開業した．これは国内のショッピングセンターの売り上げで，毎年 1 位や 2 位に入る国内を代表する商業施設である．その人気の最大の理由は，乗車人員数の多い駅の改札を出て 1 分という立地にある．そのような場所に広大な土地があったのは，以前はそこが東芝の工場であったためであり，ラゾーナ川﨑プラザの人気の理由も工場との関係がある．

【ラゾーナ人気で生じる新たな地域問題】

前節でみたとおり，川崎市民は買回り品を中心に地域の外で買い物をする「流出」がみられるが，ラゾーナ川﨑プラザの存在により，近年では川崎の外の地域からラゾーナで買い物をする「流入」もみられるようになった．川崎市としては望ましい状況にあるが，別の問題も生じている．ラゾーナが強すぎることにより，先述の 2015 年に閉店した川崎市最後の百貨店であったさいか屋跡地の再開発が決まらないのである．現状は，2 階建ての建物にいくつかのチェーン店が入居する暫定的な利用となっている（図 2.12）．一時は若者に人気のパルコが立地する計画もあったが，それもとん挫した．かつては商業の中心であった川崎駅東口一帯が，西口のラゾーナ川崎プラザによって衰退傾向にあり，川崎に新たな問題が生じている．

【アパートが億ションへ】

JR 川崎駅周辺には多くのタワーマンションが

図2.12　さいか屋百貨店の跡地に立地した
2階建ての暫定的な商業施設（2023年7月撮影）

図2.13　JR川崎駅周辺に立地していた県公社アパート
（太田啓介氏提供，1999年5月撮影）

立地し，中には中古の分譲価格で1億円にもおよ
ぶ「億ション」もあるが，以前は家賃の安い県
公社などのアパートであった（図2.13）．図2.14
は図2.13の跡地に建てられたマンションであり，
この場所の住民層は大きく変わり，ジェントリ
フィケーションが生じている．

　前述のラゾーナ川崎プラザのテナントには，周
辺に立地したこれらの高級マンションの客層に合
わせてCOACHなどの比較的高価な商品を扱うブ
ランドも入居しており，買回り品店が少ない川崎
の商業にも変化がみられる．

【住民層と公立小中学校の変化】

　住民層が大きく変わった地域の公立小中学校は，
どのような変化が生じるであろうか．かつて川崎
市南部は学力が低いともいわれ，い
わゆる「荒れた」学校もみられた．
現在の学力は政令市の中でも上位に
位置し，以前よりは勉強に意欲的で
得意な子どもが多いようにみえる．
しかしそうなると，以前はマジョリ
ティであった勉強が苦手な子どもが
マイノリティとなるために劣等感を
感じやすく，新たな問題が生じる可
能性もある．公立小中学校に通う子
どもの性質は地域の地理的特徴が反
映されるが，学校への影響の仕方は
単純ではない．

図2.14　県公社アパート跡地に立地したタワーマンション
とラゾーナ川崎プラザ（牛垣2020）

6. 動態地誌と歴史的視点・空間的視点で川崎をとらえる

　これまでみた川崎の地理を動態地誌（図0.6）
的にまとめたのが図2.15である．マンションの

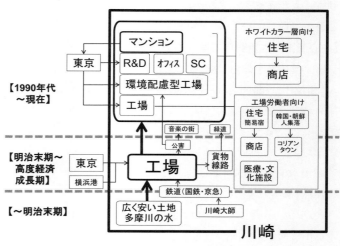

図2.15　工場を中核とした川崎市の動態地誌（牛垣2021）

増加，音楽のまち政策の展開，コリアンタウンの形成など，川崎でみられる事象の多くは工場との関わりが強く，川崎の地理的特徴を把握するには，工場を中核として諸事象との関係をみると，地域の構造が理解しやすい（牛垣2016）．また，工場の集積もマンションの増加も，東京に近接する地理的位置が背景にあり，東京との関わりも川崎を理解するうえで重要な普遍的要素といえる．

　一方で地域のとらえ方は様々であり，図2.16は歴史的視点による地域のとらえ方を示している．マンションやショッピングセンターの存在など，現在の川崎の地理的特徴を右に並べ，それらが生じたプロセスを左側へ遡る形，歴史地理学における遡及法という方法で，事象が生じた背景を把握するまとめ方であり，事象が生じた過程がわかりやすい．これをみると，工場や川崎大師といった異質な要素も，時系列では鉄道という要素を介して因果関係でつながっていることがわかる．ただし，東京との関わりはわからない．

　図2.15や図2.16は川崎を一括りでとらえているが，川崎の地理的特徴も一様ではない．川崎市を空間的視点でその地域的差異を示したのが図2.17である．川崎市は，南側から臨海部，内陸部，北部におおよそ3区分でき，臨海部は重化学工業地帯，内陸部は電気機械等の工場・研究所や住宅地，北部は工場が少なく住宅地が広がっており，東京のベッドタウンとしての性格が強い．

　以上のように，地理的特徴のまとめ方も様々であり，またそれぞれのまとめ方の中でも，どのような事象を取り上げるか，フォーカスするかは人によって異なる．地域と目的に応じて，様々な方法で地理的特徴をとらえることができるとよい．

（牛垣雄矢）

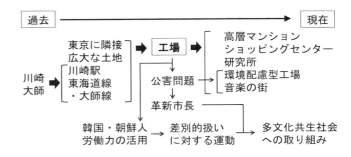

図 2.16　歴史的視点による川崎の地域的特徴の理解
（牛垣2020）

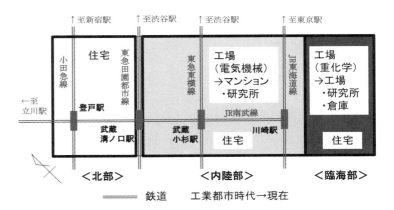

図 2.17　空間的視点による川崎の地域的特徴の理解
（牛垣2020）

文 献

牛垣雄矢 2008．川崎市における地域構造の変化—産業と商業地の動向より—．地理誌叢49（1）：16-33．

牛垣雄矢 2016．動態地誌的観点と歴史的観点を取り入れた地域構造図の作成—神奈川県川崎市を事例に—．東京学芸大学紀要人文社会科学系Ⅱ 67：61-68．

牛垣雄矢 2018．景観写真で読み解く都市—都市の変化に注目してみよう—．加賀美雅弘・荒井正剛編『景観写真で読み解く地理』古今書院：52-61．

牛垣雄矢 2020．身近な地域の地誌—神奈川県川崎市の地域調査—．矢ケ崎典隆・加賀美雅弘・牛垣雄矢編『地誌学概論（第2版）』朝倉書店：10-18．

牛垣雄矢 2021．川崎駅周辺地域における巡検の実践およびビデオカメラで撮影した動画活用の効果と課題．学芸地理77：151-166．

金　侖貞 2007．『多文化共生教育とアイデンティティ』明石書房．

日本地誌研究所編 1968．『日本地誌　第8巻　千葉県・神奈川県』二宮書店．

1. 都市開発が進むまち

　2010年代以降，立川駅の北側では大型商業施設の開業が相次いでいる．2014年の「IKEA」開業を皮切りに，翌2015年には「ららぽーと立川立飛」，2020年には商業施設や大型ホールなどを備えた「GREEN SPRINGS」が開業した．

　元々，立川駅はJRやモノレールなど4路線が乗り入れ，新宿駅からJR中央線で約30分の場所にあるターミナル駅のため，駅周辺には伊勢丹や高島屋，グランデュオなどの大型商業施設のほか，映画館なども集積している．ほかにも，駅前のビル街をモノレールが通る未来的な街並みは，アニメの聖地としても知られているほか，少し足を延ばせば広大な面積を誇る国営昭和記念公園に行くこともできる．

　このように，立川駅周辺には，大型施設や大型商業施設が集まっており，近年も新たな商業施設の開業が相次いでいる．都市化の進んだ東京において，なぜ立川は現在でも新たな都市開発が進んでいるのか．本稿では，歴史的背景と，近年の土地利用の変遷という2つの面からみていく．

図 3.1　GREEN SPRINGS（2023年10月撮影）

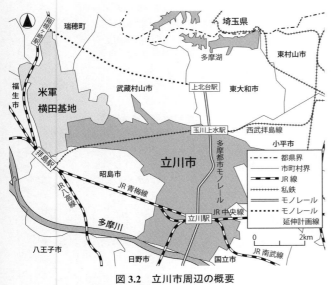

図 3.2　立川市周辺の概要
（地形図，東京都都市整備局HPにより作成）

2. 1920年代以降 — 鉄道の開通と飛行場の進出

　現在の立川駅は，1889年の甲武鉄道（現JR中央線）の開通とともに開業した．当初，新宿から現在の甲州街道を通って八王子を結ぶルートが考えられたものの，すでに民家も多く，高低差があることから蒸気機関車の運行には適さなかった．そのため，中野から立川まで高低差の少ない武蔵野台地上を一直線に結ぶ線路が敷かれた．しかし，当時の立川駅周辺は桑畑や雑木林が広がるなど，開発から取り残された地域であった．

　転機となったのは，1922年の陸軍による飛行場建設である．その背景として，1914年に起きた第一次世界大戦の影響が挙げられる．最初，航空機は上空から敵を偵察するために使われていたものの，次第に爆弾を搭載し，都市の空爆に用いられるようになるなど，戦争における航空機の重要性が増していったからである．

　日本でも，首都・東京の空の防衛強化を目的に飛行場の予定地を探したところ，立川には広大な土地があり，将来飛行場を拡張する際の制約が少

ないことに加え，鉄道が通っており，兵員や物資の輸送に適していることから建設が決定した．

　飛行場は当初，軍民共用で使われていたものの，1931年の満州事変をきっかけに，軍事機密を守るために民間人や民間航空関係の施設を締め出す方針がとられた．その後，羽田に民間航空の機能が移転した結果，立川飛行場は陸軍専用となった．

　また，飛行場の完成とともに，周辺には陸軍航空技術研究所や陸軍航空技術学校など数多くの軍事施設が整備された．1930年には民間企業の石川島飛行機製作所（のちに立川飛行機へ改称）が月島から立川に移転したほか，陸軍航空工廠などの飛行機製造工場も建てられた．近隣の町村にも昭和飛行機，日立飛行機などの軍需工場が集積し，立川駅北口には軍人や工場労働者に向けた商店街が発達していった．

　第二次世界大戦の際には，多くの軍事施設や軍需工場が集中する立川は空襲の標的となり，1945年以降多くの被害を出した．

3. 1945年以降 ― 基地の町としての立川

　戦後，立川飛行場一帯は米軍により接収された．

滑走路の改修工事が終わると，米軍は敗戦とともに生まれた大量の失業者を基地内労働者として雇うようになり，最盛期には立川周辺で2万人もの雇用が生まれた．

　また，立川基地と立川駅北口との間には，日本軍が貯蔵していた物資や，米軍からの横流し品を売る露店が並ぶ闇市が形成された．

　1950年に朝鮮戦争がはじまると，立川基地は米軍を中心とする国連軍の輸送基地となり，立川を起点に多くの兵員や資材が前線に送り込まれた．そのため，立川周辺は，アメリカ兵を相手としたバーやキャバレーなどのサービス業のほか，周辺の工場も軍需物資の注文や故障した兵器などの修理依頼が相次ぎ，まちは好景気に湧いた．その一方，軍用機が離発着する際の騒音や治安の悪化から，立川には「基地の町」というイメージがつきまとう問題もあった．

　1956年には，伊勢丹立川店が立川駅北口に開業し，その後もデパートや百貨店の開業が続くなど，この頃から立川は商業のまちとしても発展をはじめた．

　1955年には，輸送量の増加やジェット機の増

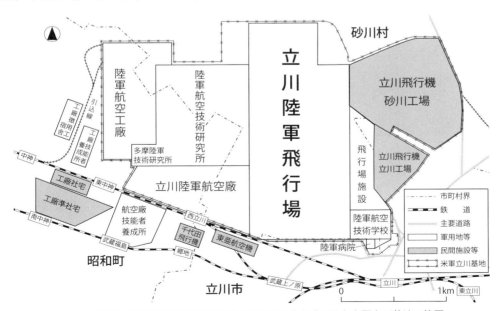

図3.3　1944年頃の立川飛行場周辺における土地利用と米軍立川基地の範囲
（地形図，国土地理院「地図・空中写真閲覧サービス」，『昭和記念公園は飛行場だった 第2集』により筆者作成）

26

加により，米軍から日本政府に対して立川基地の滑走路延長計画が出された．しかし，地元住民らの反対運動に加え，近くには 3000 m 以上の滑走路を持つ横田基地が存在していることなどから，立川基地の機能は横田基地に移された．そして，1977 年に米軍立川基地は日本に全面返還された．

4. 1980 年代以降 ── 基地返還から現在の街へ

　返還された立川基地の面積は，580 万 m² と立川市の面積の約六分の一にものぼる広大なものであり，市街化された地域にある跡地は都内に残された貴重な都市空間であった．

　一方で，国による基地跡地の分配計画では，地元自治体・国や政府機関・大蔵省で三分割し，地元自治体へは一部減額ののちに有償で土地を譲渡する方針が決められた．しかし，立川市や東京都にとって広大な土地を買い戻すだけの費用はなく，その後も分配に向けた国との交渉が重ねられた．

　1979 年には，国から跡地に広域防災基地と大規模公園を設置することが決められ，1983 年に国営昭和記念公園が開園した．隣接する飛行場周辺には陸上自衛隊や東京消防庁，災害医療センターなどからなる立川広域防災基地の整備が進んだ．

　また，立川市は，国から首都圏の「業務核都市」に位置づけられ，商業や業務機能の集積が図られるとともに，文化・研究・防災などの広域的な都市機能が整備され，拠点形成が進められた．

　その一環として，1994 年には立川駅に近い基地跡地に「ファーレ立川」が開業し，商業や業務中心のビルが立ち並び，アート作品と一体となったまちづくりが行われた．

　2000 年には，多摩の南北を結ぶ多摩都市モノレールが全線開通し，立川の拠点性が高まった．その際，モノレールの駅が「立川北駅」と「立川南駅」に分散して設置され，JR 立川駅との間が歩行者専用デッキで結ばれることにより，駅周辺の回遊性向上が図られた．

　一方で，立川駅北口に残された基地跡地の国有

図 3.4　立川駅の北側に広がる旧国有地
（2016 年 8 月撮影）

地売却は，1990 年代のバブル崩壊や，2008 年のリーマンショックの影響もあって難航し，広大な未利用地が残されていた．

　転機となったのは，2009 年に国有地がスウェーデン創業の IKEA に売却され，2014 年に開業したことである．IKEA の立川進出の背景として，立川市からの税制優遇措置に加え，モノレールの駅から徒歩でアクセスのできる利便性や，近隣の大型商業施設との相乗効果が期待できることなどが挙げられている（関根 2016）．

　また，基地跡地のうち 94 万 km² が返還された立飛企業と新立川航空機（現立飛ホールディングス）は，当初物流倉庫のほか，ゴルフ練習場などのスポーツ施設を経営していたものの，2014 年に三井不動産と共同で「ららぽーと立川立飛」の建設を決定し，2015 年に開業した．同年，立川駅北側の国有地（図 3.4）も立飛企業が落札し，その場所に建てられた「GREEN SPRINGS」は，緑を生かしたまちづくりで注目を集めている．

　ほかにも，アリーナ立川立飛やドーム立川立飛といったスポーツ施設に加え，2024 年には，オリンピックメダリストの名を冠した「MAO RINK」の開業が予定されるなど，今後も大規模開発が進むと予想されている（表 1）．

　以上のように，米軍からの返還当時，高い有刺鉄線で囲われていた基地跡地は，約半世紀をかけて徐々に開発が行われた．途中，景気の悪化から開発が遅れたものの，それにより近年の都市開発が可能となった．また，その背景として，立川が

表 3.1　2000 年以降の立川における主な出来事

年	主な出来事
2000	多摩都市モノレール全線開業 （上北台—多摩センター）
2001	「伊勢丹立川店」現在地に移転
2005	立川駅南口・北口歩行者専用デッキ開通
2007	「エキュート立川」開業
2014	「IKEA 立川」開業
2015	「ららぽーと立川立飛」開業
2016	「立川タクロス」開業， 「フロム中武」リニューアルオープン
2017	「アリーナ立川立飛」「ドーム立川立飛」開業
2020	「GREEN SPRINGS」開業
2023	「立川高島屋 S.C.」の百貨店区画営業終了
2024	「MAO RINK」開業予定

（立川市 HP，各社 HP により作成）

図 3.5　立川駅北口の歩行者デッキに置かれた
銅像「風に向かって」（2023 年 10 月撮影）

持つターミナル駅としての魅力も欠かせない．

2016 年には，立川広域防災施設が映画「シン・ゴジラ」に登場した．撮影でも使われた「内閣府災害対策本部予備施設」は実在するものであり，都心を襲う巨大災害が起こった際に，政府機能が移転するバックアップ拠点としても重要である．

2030 年代半ばには，多摩都市モノレールの箱根ヶ崎駅までの延伸計画が進むなど，今後も立川

の拠点性は高まると予想される．一方で，立川市の人口は 2025 年から減少すると予想されるなど，今後も定住人口の確保に向けた様々な方策が求められている．

（木谷隆太郎）

文 献

関根孝 2016. 立川市の商業近代化とまちづくり，専修大学商学研究所報 47（8）：1–38.
立川飛行場に関する学習会 2000.『昭和記念公園は飛行場だった・第 2 集—立川飛行場に関する学習会の記録—』立川市中央公民館.
東京都百年史編集委員会編 1972.『東京百年史　第六巻』東京都.

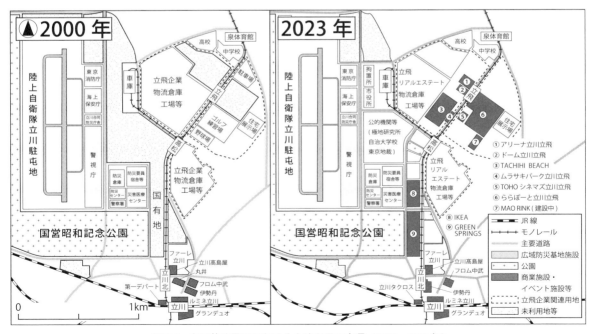

図 3.6　立川基地周辺における土地利用の変遷（2000，2023 年）
（地形図，住宅地図，現地調査により作成）

1. 地域構造のとらえ方

　地域は様々な要素が，互いに影響を与えながら構成されている．要素間のつながりを理解することは,的確に地域をとらえるために重要であるが，地域は複雑であるため,簡単ではない．そのため，いかに地域を単純化してとらえるかという工夫が必要になる．

　地域を単純化する方法の1つに，空間を構造図化する手段がある．その代表例が図4.1のフランスの地域構造を示した図である．これは，フランスの地理学者ブリューネが作成した図で，単純なパターン要素を組み合わせて，フランスが，どのような地域かを説明している．ブリューネは① 東西のコントラスト，② 南北のコントラスト，③ 中心と周辺のコントラスト，④ 高地と低地のコントラスト，⑤ 国境の開放性と閉鎖性のコントラストの5つの観点からフランスをとらえて構造図を作成した（手塚 1991）．

　地域のスケールは，世界から地区まで大小様々だが，地域構造を把握するこの方法は身近な地域をとらえる際にも有効と思われる．しかし，これまで身近な地域スケールでこのように地域をとらえ，図を作成したものは存在しない．本章では，千葉県を事例に，地域構造のアプローチを用いて，地域を単純化してとらえる方法を記述したい．

　なお，地域を単純化する作業は動態地誌的アプローチとも共通性がある．動態地誌は地域の中核事項を軸に，それと関係する要素のつながりから地域を描く方法である．動態地誌は地域内の要素を網羅して記述する静態地誌とは異なり，中核事項と関連するもののみで構成されるため，1つのストーリーを作る作業ともいえ，その中で関係性の薄い要素は排除される．すなわち，動態地誌的に地域をとらえる方法には，地域を単純化する作業が含まれている．本章では,動態地誌的アプローチを用いて千葉県をとらえ，それを地域構造図に表現する．

2. 江戸・東京との近接性
【動態地誌の中核事項】

　千葉県を動態地誌的に描くうえで，「江戸・東京との近接性」を中核にする．これは地域を構成

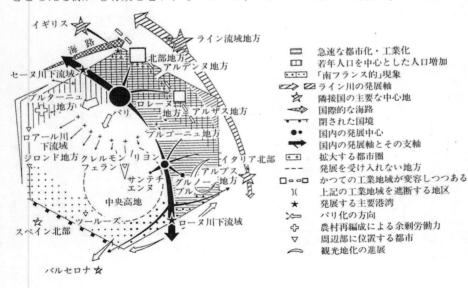

　　　急速な都市化・工業化
　　　若年人口を中心とした人口増加
　　　「南フランス的」現象
　　　ライン川の発展軸
　　　隣接国の主要な中心地
　　　国際的な海路
　　　閉された国境
　　　国内の発展中心
　　　国内の発展軸とその支軸
　　　拡大する都市圏
　　　発展を受け入れない地方
　　　かつての工業地域が変容しつつある
　　　上記の工業地域を遮断する地区
　　　発展する主要港湾
　　　パリ化の方向
　　　農村再編成による余剰労働力
　　　周辺部に位置する都市
　　　観光地化の進展

図 4.1　Brunet 1973 によるフランスの地域構造図
（手塚 1991：p.122）

する要素というより，影響を及ぼす因子であるが，中核事項を要素以外のものにして地域の特色をとらえることもできる．地域の構造を考察する際には，変化とともに安定的な性格をとらえることが重要である（手塚 1991）．江戸・東京との近接性という特色は，地域が時代に合わせて変化しても不変の事項で安定的な性格であり，動態地誌の中核事項とするのに適切といえる．

【関東地廻り経済による発展】

　1603 年に江戸幕府が開かれると，それまで政治の中心から遠く離れた田舎であった関東平野は，新たな政治都市・江戸を中心として大きな変貌を遂げる．千葉県に多大な影響を与えたといえる幕府の一大事業に，利根川の東遷がある．これは，関東山地を源流として東京湾に流入していた利根川の流路を，銚子方面に変更し，江戸を水害から守る目的があった．この事業により，江戸での被害は減少したものの，水害は逆に千葉の北部で多発するようになった．

　一方，利根川の流路を銚子方面に変更したことで，利根川と江戸川を利用して，銚子と江戸を舟運で往復することが可能になった．これにより，利根川沿いには河岸や商家町が形成され，大きく発展した．その一例が佐原である．佐原は利根川

図 4.2　佐原の歴史的町並み
（2023 年 5 月撮影）

の支流に当たる小野川の舟運により発展したまちで，銚子と江戸の中継地点にあり，河口商業都市として繁栄した．現在も図 4.2 のように江戸時代の町並みや，「だし」と呼ばれる物資の積み下ろしをする場所が残され，近年は観光地としても人気である．

　加えて，江戸時代の関東平野では関東地廻り経済が発展する．関東地回り経済とは，日本一の商業都市・大坂から運搬されてくる「下りもの」に対抗して，幕府が関東平野の諸都市の産業を活性化させて築いた経済のことである．この経済圏を関東地廻り経済圏という．この中で発展したものが，銚子と野田の醤油産業である．江戸で提供される料理には濃口醤油が利用されており，大豆・小麦・塩などの原料が利根川の舟運を利用することで集積し，そこで醸造された．現在も，野田のキッコーマン，銚子のヤマサ醤油・ヒゲタ醤油は日本を代表するブランドであり，そのルーツはこの利根川の舟運を利用した関東地廻り経済にある．

【下総台地の利用】

　次に，江戸・東京との近接性から下総台地の開発史をみる．江戸時代に下総台地は幕府直轄の牧として利用されていた．台地上は取水が困難であり，水利条件が悪いため，農業が発展しにくかった．一方，これにより江戸の近郊に広大な土地が未利用の状態で残存していたともいえ，幕府はここを軍馬や農耕用の牛や馬を育成する牧として活用した．

　明治時代に入ると，牧は開墾され，集落が形成される．下総台地には，初富，二和，三咲，豊四季，五香という数字を含む地名が 13 まで存在し，これは明治時代に開墾した集落に，順番に地名を付けたためである．図 4.3 をみると，いずれも台地上にこれらの集落があることを確認できる．また，これらの集落のうち，東京に近い西部に位置するものの大半は，現在では，建物用地としての土地利用が卓越しており，都市的な地域といえる．

　成田空港の建設にも東京からの近接性と台地上

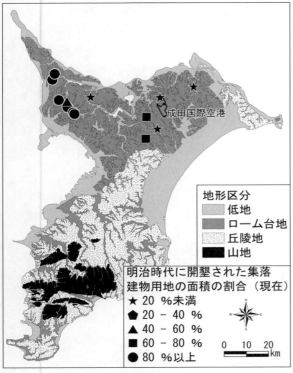

図 4.3　明治時代に開墾された集落の立地と現在の土地利用
明治時代に開墾された集落を図形で示し、そこを含むメッシュの土地利用データを用いた。
（国土数値情報などにより作成）

の開発史が関係する。成田空港は 1978 年に開港した国際空港で、羽田空港のキャパシティを補うために開発された。東京へのアクセスが良いこと、広大な土地が必要であることの 2 つの条件により、成田が選定された。牧の一部は、明治時代に皇室の所有に引き継がれ、ここには下総御料牧

図 4.4　成田空港の第 3 滑走路建設に反対する看板
（2020 年 11 月撮影）

場が作られたが、空港の建設に当たり、広大な土地が必要になると、御料牧場の土地が利用された。しかし、当時、この地域には第二次世界大戦後に大陸から引き揚げてきた人々が開墾した集落もあり、強制代執行がその後の成田闘争をもたらすことになった。東京を中心とした都市圏が発展する中で、近郊に当たる千葉県は空港や後述する工業地域の建設など大規模開発により変容したが、その過程では地域住民の苦悩があり、それは現在までも図 4.4 のように続いていることを忘れてはならない。

【東京湾臨海部の開発】

　上述の通り、千葉県は東京の近郊に当たるため、大規模開発が行われてきた。成田空港のほかには、京葉工業地域の開発がある。京浜工業地帯が明治時代に成長した一方、京葉工業地域は高度経済成長期に 12,000 ha が埋め立てられて、工場群が建設された。

　千葉県の製造品別出荷額は表 4.1 の通り、石油、化学、鉄鋼業、金属など、工業立地論で説明すると臨海指向型のものの割合が高く、これは原材料を海外から輸入しやすいためである。加えて、千葉県は大消費地・東京の近郊であり、製造品を輸送しやすく、自然環境、生産、流通、消費の観点から、工場を誘致しやすい環境であった。高度経済成長期以前の千葉県は、東京に近接する農業県としての性格が強かったが、京葉工業地域の開発により、工業県へと性格は大きく変化した。その背景には、工業に適した臨海部の存在と東京への近接性がある。

表 4.1　千葉県の製造品別出荷額（2019 年）

産業中分類名	製造品出荷額 （百万円）
石油製品・石炭製品製造業	2,847,956
化学工業	2,200,943
鉄鋼業	1,626,987
食料品製造業	1,623,769
金属製品製造業	690,878
その他	3,527,784
製造業　合計	12,518,316

（工業統計調査により作成）

このように中学・高等学校の地理に関連する知識や思考を現実世界に適合させながら地誌を描いてみることも重要である.

【東京大都市圏の形成】

高度経済成長期以降，東京大都市圏の都市化が飛躍的に進むにつれ，千葉県は東京のベッドタウンとしての性格が強くなる. 都市圏をとらえる際の代表的な指標として通勤通学率がある. 図4.5は，常住人口に対する東京都特別区への通勤通学率を市町村別に示す.

都市圏の周辺市町村の判別は，中心市への通勤通学率が，その自治体の常住人口の一定割合であることや，都市圏にあたる自治体が連接していることなどによる. 千葉県内に着目すると，他県方面のセクターと同様に，東京へ近いほど，通勤通学率は高くなっている. また，図中に示した，成田市（**A**），山武市（**B**），市原市（**C**），木更津市（**D**）など，東京都特別区の中心である千代田区から半径60 km圏の自治体が東京大都市圏の外縁部といえる.

次に，図4.5を踏まえ，県北部の土地利用の差異を考察する. この地域は都市圏のベッドタウン

表4.2　台地と谷（谷津）の土地利用の地域的差異

	県西部	県中部	県東部
台地	建物用地	建物用地	畑・森林
谷（谷津）	建物用地	水田	水田

（現地調査により作成）

として機能しているため，主な土地利用は住宅地などの建物用地である. 表4.2は，県北部における台地と谷（谷津：他の地域では谷戸，谷地と呼ばれることもある）の土地利用の地域的差異を簡潔に示す. 近世以前から存在すると推測される集落は，一般的に台地の麓の湧水を利用するため，台地崖の下に立地する. 一方，高度経済成長期以降，ベッドタウンとして大規模な住宅開発がされる際には，森林であった台地上を開墾する. 谷津は沖積低地が構成地形のため，水田としての土地利用が卓越する. しかし，東京により一層，近接する県西部は，地形にかかわらず，建物用地が主な土地利用である. 一方，図4.5で示した東京大都市圏の外縁部に当たる地域の場合，台地は建物用地，谷津は水田としての利用になる. さらに，大都市圏外に当たる県東部では，台地上は畑や森林，谷津は水田として利用されている.

図4.6は，表4.2において県中部に当たる成田市の土地利用を地形図上に着色して示す. これをみると，標高20 mの等高線を境として，おおむね，それより上は建物用地，下は水田として利用されていることがわかる. 土地利用という観点からみると，これが都市と農村の境界ととらえられる. 建物用地として利用されている場合，おおむね宅地，オフィス，商業施設などが集積しており，都市的な空間が形成されているといえる. 一方，水田・畑など農業的な営みがなされている空間は農村といえる. したがって，県北部のうち，西部は都市的地域である一方，東部は農村的地域，中部は両者の間の中間的地域ととらえられる.

図4.6の作成において，筆者の場合，図を白黒にする都合上，ArcGIS Proに地理院タイルを挿入

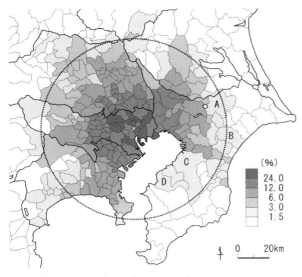

図4.5　常住人口に対する東京都特別区への通勤通学率（2020年）
（国勢調査により作成）

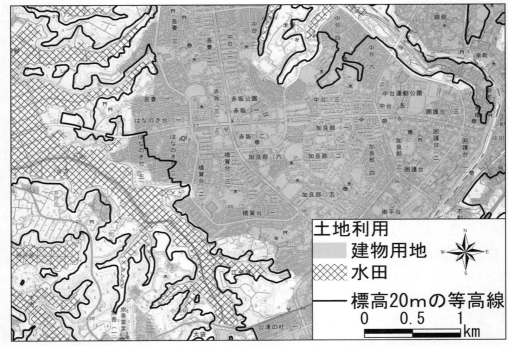

図 4.6　県中部成田市における台地と谷（谷津）の土地利用の差異
（地理院タイル，基盤地図情報により作成）

し，それをもとに土地利用のポリゴンを作成して着色し，基盤地図情報から等高線のデータを取得して標高 20 m のラインを強調した．しかし，地形図に色鉛筆などを用いて着色や加筆をすると，より一層，実感をもって地形と土地利用の関係性を理解できると思われる．

3.　コントラストをとらえる

　本章では，ここまで記載した内容をもとに，冒頭で示したコントラストの概念を用いて考察し，構造図を提示する．図 4.7 は江戸時代から現在にかけての千葉県の地域構造の変化を示す．なお，図を作成するにあたり，主要都市は人口規模が各時代で上位 10 位までのものを反映した．現在は2020 年の国勢調査，江戸時代は 1879 年の共武政表を参照した．共武政表は明治時代の資料だが，近代以降に集計された正確な人口統計の中で，江戸時代に最も近い時期のものであり採用した．誰でも国立国会図書館のデジタルコレクションでこ

れを閲覧できる．

　はじめに，① 東西のコントラスト，② 南北のコントラストで考察する．江戸時代は農業が地域の主産業であることに加え，幕府直轄の牧があり，全域に農村的地域が広がっていた．しかし，明治時代には牧が開墾され，高度経済成長期には西部を中心にベッドタウンや大規模な工場の開発が進行する．したがって，東京近郊に当たる県北西部は都市的地域へと変化した．

　次に，③ 中心と周辺のコントラストについて，県内の主要都市の配置と絡めて考察する．本章では，江戸・東京との近接性を軸として，千葉県を動態地誌的に描いているため，この場合，中心は江戸・東京，周辺は千葉県全域といえる．江戸時代には，利根川の舟運が江戸と各都市を結び，都市が成長したため，ここが発展軸であった．しかし現在は，東京近郊の県北西部から東京湾沿岸部にかけての都市で人口規模が大きく，主要都市が密集している．すなわち，現在はここが発展軸で

あり，県の構造は大きく変化した．現在，都市的
地域に該当する範囲は，発展軸と一致している．
工業化や都市化などの現象に伴い，県は発展した
といえる．

　④ 高地と低地のコントラストは，県南部の房
総丘陵と北部の下総台地ととらえることもできる
が，ここでは高地を台地，低地を谷津と置き換え
てみたい．これは表4.2の通り，東京からの近接
度合により，地形ごとの土地利用に地域的差異が
生じている．図4.6のように都市的地域と農村的
地域が混在している範囲もあり，図4.7では一部，
両者の凡例が重なっている．

　最後に，⑤ 国境の開放性と閉鎖性のコントラ
ストについて．県境は国境ほど，境界としての強
い意味をもたないが，これも東京との近接性とい
う点からは，特に交通や工業などの面で江戸川沿
いと東京湾岸が開放的，利根川と太平洋沿岸が閉
鎖的といえる．ただし，佐原や銚子と利根川の対
岸，霞ヶ浦沿岸が水運で一体となり，「ちばらき」
という俗称が誕生していることや，江戸時代の
九十九里浜には紀伊半島から移住してきた人々が
集落を形成した歴史があることを踏まえれば，必
ずしも閉鎖的とはいえないという見方もできる．

　以上より，千葉県は江戸・東京との近接性とい
う地理的位置がもたらす安定的な性格の中で，そ
の影響を受けながら，自然環境を基盤として，交
通，産業，都市，土地利用などが大きく変化して
きたといえる．最後に本章で用いたとらえ方の課
題を示したい．本章では地域を単純化してとらえ
る趣旨のもと，コントラストの概念を含めて動態
地誌的アプローチを用いた．すなわち，地域をわ
かりやすく説明する地誌であるが，特殊性や多様
性は排除される．例えば，図4.7で示す農村的地
域では幹線道路のロードサイドにチェーン店の立
ち並ぶ地方都市的な景観が見られるが，本章では
考慮されていない．より小さなスケールで，地域
内の多様性を考察することも重要だろう．

（五十嵐純護）

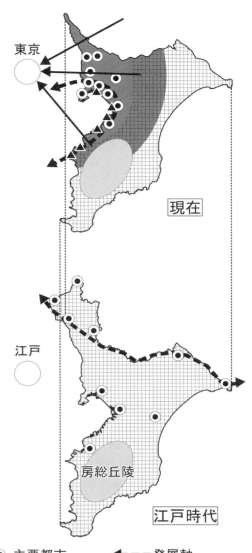

◉　主要都市　　◀ ─ ─ ─　発展軸
▲　臨海指向型の　　◀─────　東京大都市圏
　　工場の集積地
■　都市的地域　　▦　農村的地域

海岸線は現在のものである．
江戸時代の図は，下総・上総・安房の範囲を示す．
江戸時代の地域構造が現在の土台になっている
ため，江戸時代の図を下に配置した．

図4.7　千葉県の地域構造の変化

文献

手塚　章 1991．地域的観点と地域構造．中村和郎・手塚
　　章・石井英也著『地理学講座4　地域と景観』古今書院：
　　107-184．

1. 「小江戸・川越」の特徴と魅力

　埼玉県川越市は「小江戸」と称され，2019年には過去最高の約775万人の観光客が訪れた．県内の自治体では，特色のある地域として川越を挙げ，社会科副読本で取り扱う事例もみられる．

　川越市は埼玉県中央部に位置する中核市である．川越市が中核市になったのは2003年で，関東では3番目，県内では初めて制定された．人口は約35万人，昼夜間人口比率は96.8となっており，近隣の自治体へ通勤・通学している人が多い一方，近隣の自治体から川越に通勤・通学している人も一定数いると考えられる．県中央部に位置するため，国や県の出先機関も多く立地している．農業では，首都圏向けの農産物栽培が行われており，農家数は県内5位，経営耕地面積は県内6位となっている（2015年）．工業では，隣接する狭山市とともに工業団地を造成したことで，年間製造品出荷額等が県内2位（2017年）となった．また商業においても，年間商品販売額が県内4位（2014年）であり，川越は産業面においても，県内で重要な位置を占めていることがわかる．

　「小江戸」として有名な川越には，多くの観光客が訪れ，関東随一の観光都市である．なかでも蔵造りの街並みで有名な一番街商店街（以後，一番街）は，休日となると人で溢れかえっている．こうした状況に拍車をかけているのがSNSである．特に写真映え（いわゆる「インスタ映え」や「フォトジェニック」）する飲食物や景観は，集客するうえで欠かせないものとなっている．川越も例外ではなく，SNSで「川越」と検索すると，名産であるサツマイモを使ったグルメや，着物を着て一番街や菓子屋横丁などを巡っている写真が散見される．個人商店が裏通りに出店すること

図5.1　川越市市街地の概要
（国勢調査により作成）

A:川越マイン゛
B:アトレ川越
C:PePe
D:丸広百貨店
E:小江戸蔵里
F:時の鐘

0　　　　200m

図5.2　一番街の蔵造りの街並み
（2023年5月撮影）

図 5.3　サツマイモを使ったグルメ
(2023 年 8 月撮影)

で「うらかわ（裏川越）」という言葉もみられるようになった．また，ここ数年のレトロブームも川越にとっては追い風となっている．その他にも「月がきれい」「神様はじめました」など，アニメ作品の舞台になったことによるアニメツーリズム（いわゆる「聖地巡礼」）や，都心から比較的近く，自然が豊かという地理的特徴を生かしたグリーンツーリズムも盛んである．

　鉄道の相互直通運転も観光客増加に寄与している．2013 年に東武東上線・横浜高速鉄道みなとみらい線など，5 社による相互直通運転が始まり，横浜方面から川越まで乗り換えなしで行けることになった．これによる一定の効果も見受けられ，川越の観光客数も増加した（2013 年 5 月 14 日日本経済新聞記事より）．2023 年には，東急東横線が東急新横浜線・相鉄線との相互直通運転を開始し，海老名方面から川越までつながり，さらなる効果が期待できる．

2.　江戸・東京とのつながりの歴史
【松平信綱と新河岸川舟運】

　川越（河越）城は 1457 年に，太田道真・道灌親子によって築かれた．武蔵野台地の先端に築かれ，三方が川と低地という天然の堀に囲まれていた．また，川越藩は最大 17 万石を擁する県内最大規模の城下町だったこともあり，江戸北西部を守る軍事上の要衝として江戸幕府も重視し，歴代藩主には親藩・譜代の有力な大名が配置された．

　現在の市街地はこの城下町が基盤となっており，それを作ったのが第 5 代藩主松平信綱である．信綱は 1638 年に発生した寛永の大火の後始末として，城郭の拡張や新たな町割り，交通網の整備などに着手した．町割りについては，札ノ辻を中心とした行政区画を定めた．さらに，前述した大火の再建資材運搬のために使用していた新河岸川に目をつけ河岸場の設置を進めた．特に扇河岸，上新河岸，下新河岸，牛子河岸，寺尾河岸は「川越五河岸」と呼ばれ，近辺には多数の河岸問屋が集積した．信綱は川越街道の整備も進め，大消費地・江戸と川越を結ぶ交通網を確立させた．その結果，舟運をはじめ，中山道や甲州街道に比較的近く交通の便がよい川越は，米や織物などの産物の集散地として発展した．

【徳川家と川越】

　喜多院（当時は無量寿寺北院）は川越の中でも有数の寺院である．その第 27 代座主となった天海は徳川家康との親交が深く，江戸の都市計画や政策などを任されていた．家康が民情視察を兼ねた鷹狩りで川越を訪れた際に天海に会っていた記録も残っている．さらに天海が請願したことで喜多院に寺領が寄進されたことや，家康が喜多院で天台宗の論議を聴聞したこともあった．

　家康が没した翌年（1617 年），その遺骸が久能山から日光へ移送される途中，喜多院にて 4 日間にわたる法要が行われた．天海の強い進言により，家康の神号が「権現」になったと言われている．喜多院境内には，家康を祀るための仙波東照宮が創建された．1638 年の大火で焼失するも，3 代将軍家光の命によりすぐに再建された．この際，江戸城から家光や春日局ゆかりの客殿・書院が喜多院に移築され，それが結果的に江戸の大火による焼失を免れ，江戸城唯一の遺構として現在まで残されている．天海は家康の死後も徳川家に重用さ

れ続けた．天海には，約700年ぶりに大師号が授けられた．

また，川越は芋菓子が有名だが，芋（甘薯）の栽培・普及は，8代将軍吉宗の命で青木昆陽が始め，川越では1751年に吉田孫右衛門が試作したのが始まりとされている．川越の芋は11代将軍家斉にも献上され，庶民の間ではその美味しさと日本橋から川越までの距離をかけた「栗より（九里四里）うまい十三里」という宣伝文句が広がった．歴史的景観を生かした観光以前は，団体客をターゲットにした芋ほり観光が盛んだった．

【川越氷川神社と川越まつり】

川越氷川神社は，川越城下の守護神・藩の総鎮守として歴代城主により篤く崇敬され，城下の人々からも「お氷川様」の愛称で親しまれてきた．夫婦と家族の神々を祀ることから縁結びの神様として信仰され，関連する行事やお守りなどは写真映えすることもあり，観光客に人気である．氷川神社に関連する行事の中でも10月中旬に行われる川越まつりは，関東を代表するまつりである．川越まつりは氷川神社の例大祭や神幸祭から成り立つ山車行事（図5.4）で，ユネスコ無形文化遺

図 5.4　川越まつりで使用される山車
（2019 年 10 月撮影）

産にも登録されており，100万人近くの観光客が訪れる．氷川神社の例大祭や神幸祭は，江戸の天下祭である神田祭（神田明神）と山王祭（日枝神社）の影響を強く受けて発展したのが由来とされる．

【明治26年の大火と蔵造りの街並み】

川越はしばしば火災に見舞われ，特に1893（明治26）年の大火は，川越全町の4割を焼き尽くすという甚大な被害をもたらした．一番街も被害を受けたが，この大火をきっかけに蔵造りの街並みが作られることになった．焼失した家屋が多くある中，大沢家住宅をはじめとする蔵造り建築が焼け残った様子を見た当時の人々は，蔵造り建築の防火性を高く評価した．また，1872年に銀座で大火が発生し，その復興の際には防火性の高い煉瓦（銀座煉瓦街）が採用された．同時期，日本橋には蔵造り建築の商家が並んでいた．川越の「百足屋」10代目店主は日本橋で修行しており，日本橋の蔵造り建築を目の当たりにしていた．こうして，銀座での前例と日本橋の商家を参考に蔵造りの街並みが作られた．当時は，商売を早く始めるために大工の奪い合いがあったといわれている．

3．鉄道開通がもたらした影響

【鉄道開通の経緯】

舟運が盛んだった川越の商人たちは鉄道開通に否定的だった．そのため，先に鉄道が開通した浦和や大宮に遅れをとった．川越に最初の鉄道（川越・国分寺間）が開通したのは1895年のことである．これをきっかけに川越と東京を結ぶ鉄道の開通が激化した．1906年には，現在の川越線（川越・大宮間）の前身となる川越電気鉄道が開通，1914年には，川越町駅（現・川越市駅）と池袋を結ぶ東上鉄道が開通した．それまでの鉄道が大きく迂回するルートをとっていたのに対し，東上鉄道は東京方面に直線的に向かうことができるルートだった．

【舟運と一番街の衰退】

川越は，発展も衰退も東京とのつながりが大き

く関わり，鉄道開通により舟運と一番街は衰退の一途を辿った．東上鉄道は新河岸川と並行する形で開通し，さらに新河岸川は水害対策のための河川改修による水量減少もあり，昭和初期には舟の航行が不可能になった．これにより，川越の舟運は幕を閉じた．

1921 年に川越の人口が県内 1 位となり，翌年には県内初の市政を施行し，川越は経済的中心地として栄えていたが，それ以降は他地域に人口を追い抜かれ，経済的中心地は浦和や大宮に移っていった．第二次世界大戦までに新興集積地が誕生したことで織物業は衰退し，戦時中の配給制度により穀市は消滅した．さらに中心地の移動を決定的にしたのが，一番街で営業していた丸広百貨店（当時，丸木百貨店）の移転である．駅が一番街をはじめとする旧市街地の南側に集中したことに伴い，丸広も新たな商店街形成の「火つけ役」として，当時は三等地の扱いだった新富町商店街（現在のクレアモールの一部）に移転した（記念誌編集委員会 1999）．その結果，表 5.1 のようにクレアモールには 1960 年代から 70 年代にかけて大型店の立地が進んだ．また，駅前の再開発も進み，「川越マイン」「アトレ」などの大型商業施設も多数出店した．この他にもモータリゼーションに対応した郊外の卸売団地建設による問屋移転も相まって，一番街は衰退した．

4．景観保全と観光地化

【景観保全のきっかけ　一番街商店街】

中心地が駅周辺に移動したことで衰退した一番街だったが，このことは結果的に歴史的景観をそのまま残すことになった（永野ほか 2002）．

1971 年に大沢家住宅が国指定重要文化財に指定された．1975 年には文化財保護法が改正され，重要伝統的建造物群保存地区（以後，重伝建と表記）制度ができた．これらの出来事は，景観保全のきっかけとはなったが，住民の中には指定されることによる生活の制約に不安を感じている人も

多かった．景観保全の動きが具体的になったのは，1979 年の仲町でのマンション建設をめぐる反対運動である．建設をめぐって様々な議論がなされ，住民の景観保全に対する考えも具体的になっていった．1983 年，市は蔵造りの建造物 16 棟を文化財に指定すると，市や住民による関連団体の創設や都市景観条例の制定，電線の地中化，石畳道路の整備などを進めた．そして 1999 年に一番街は重伝建に指定された．一番街の街並みが重伝建指定に至るまで，約 20 年かかった．

【同業種の集積　菓子屋横丁】

菓子屋横丁は一番街西側にあり，菓子屋が集積している観光スポットである．昔ながらの菓子屋も多く，一番街とともに多くの観光客が訪れる．菓子屋横丁は明治時代中頃に，川越で菓子製造を行っていた鈴木藤左衛門と数人の菓子職人がこの地に住み，製造を始めたことが由来とされている．当時は人通りも少なく，菓子屋も数軒ほどだったが，昭和初期には 50 〜 60 軒にまで増加した．さらに関東大震災により，東京向けの出荷製造が増えたことで活気を増した．しかし，戦後の砂糖配給統制により菓子屋は 4 軒まで減少した．1989 年に歴史的地区環境整備街路事業により，一番街とともに石畳舗装の路面になった．街路整備と観光客増加も影響し，現在では 30 軒ほどの菓子屋

図 5.5　サツマイモを使った商品が
並ぶ菓子屋横丁の店舗
（2023 年 6 月撮影）

表 5.1　川越市中心商業地の年表

時代	主要事項	旧中心商業地域	
		一番街商店街・菓子屋横丁	大正浪漫夢通り 中央通り・立門前通り
明治	1893　川越大火 1895　○川越鉄道（川越－国分寺）開通 1906　○川越電気鉄道（川越－大宮）開通		
大正	1914　○東上鉄道（川越－池袋）開通		
昭和	1931　○新河岸川舟運通船停止令 1962　国道 17 号バイパス開通 1966　川越・狭山工業団地完成 1971　関越自動車道（川越－池袋）開通 1972　川越卸売団地完成 1974　関越自動車道（川越－東松山）開通 1975　文化財保護法改正 1981　川越工業団地完成 　　　国道 254 号バイパス開通 1985　川越線全線電化 　　　埼京線開業	**1936　山吉デパート開業** **1951　丸木（後の丸広）開業** 1971　大沢家住宅，国重要文化財指定 1977　蔵造り資料館開館 1979　仲町マンション建設反対運動 1983　蔵造 16 棟，市文化財指定 　　　川越蔵の会発足 1987　町づくり協定制定，都市景観審 　　　議会設置，町並み委員会発足	**1933　中央通り開通**
平成	1990　市立博物館開館 1992　定期バス運行開始 1994　埼玉川越総合地方卸売市場完成 2016　本川越駅西口新設	1989　都市景観条例制定，歴史的地区 　　　環境整備街路事業導入 1992　電線地中化事業開始 1997　まつり会館工事着工 1998　伝建条例施行 1999　重伝建指定 2001　菓子屋横丁，環境庁「かおり風 　　　景 100 選」選定	1992　銀座商店街振興組合設立 1994　まちづくり協定締結 1995　アーケード撤去，「大正 　　　浪漫夢通り」に改称 1999　電線地中化事業実施 2014　昭和の街の会発足 2015　旧川越織物市場，歴史的 　　　風致形成建造物指定 2018　地区街づくり計画認定

○は江戸・東京とのつながり，下線は保全活動，**ゴシック体**は開発に関する事項を表す．永野 2002，各種資料により作成．

新中心商業地域	
クレアモール （新富町・サンロード）	駅前周辺
	1895　○川越駅（現本川越駅）開業
	1914　○川越町駅（現川越市駅）開業
	1915　○川越西町駅（現川越駅）開業
1960　東京スーパー開業	
1961　長崎屋開業	
1962　丸五百貨店開業	
1964　丸広百貨店，現在地に移転・ 　　　開業	
1967　イトーヨーカ堂開業	
1969　尾張屋開業	
1970　西友ストア開業 　　　丸井開業	
	1972　東武ショッピングセンター 　　　「トスカ」開業（川越市駅）
1973　丸井，現在の「ドン・キホー 　　　テ川越東口店」に移転・開業	
1982　西友DOMO開業	1982　川越マイン開業（川越駅前）
1984　新富町まちづくり協議会発足	
1988　新富町まちづくり協定制定	
	1990　アトレマルヒロ開業 　　　（川越駅前）
1991　サンロードまちづくり協定制 　　　定	1991　PePe開業（本川越駅前） 　　　川越駅東口再開発事業完了
1995　モール化計画検討	
1997　クレアモールに改称	
1999　モール化事業完了	
2010　産業観光館「小江戸蔵里」 　　　開館	

が営業している．また，2001年には環境庁の「かおり風景100選」に選定された．

【連鎖的なまちづくり　大正浪漫夢通り】

　大正浪漫夢通り（以後，夢通り）は，一番街南側に隣接する商店街で，大正・昭和時代の洋風建築や看板建築をコンセプトとしている．もともとは川越銀座商店街として，アーケードを有した市内唯一の商店街だった．1933年までは一番街から駅方向に行くためにこの商店街を通る必要があったが，蓮馨寺前の南北方向の道路（中央通り）が完成すると，銀座商店街を通らずに本川越駅方向に行けるようになった．道路新設と丸広百貨店の移転，一番街の衰退などにより，大正期から昭和初期までは県内随一だった銀座商店街の活気も失われていった．

　銀座商店街の景観保全は，1990年代にスタートした．1995年に老朽化したアーケードを撤去し，川越銀座商店街から大正浪漫夢通りに名称を変更した．一番街という事例があったため，関連団体の発足や条例の制定，行政との連携がスムーズに進んだ結果，一番街に比べ半分程度の期間でまちづくりを終えた．

【景観保全の新たな動き　昭和の街】

　近年の動きとして注目したいのが，2014年の「中央通り『昭和の街』を楽しく賑やかなまちにする会（以後，昭和の街の会）」の発足である．昭和の街の会は，蓮馨寺・熊野神社を含む中央通り・立門前通りエリアにある昭和初期の建物保存と商店街再生を目的とした団体である．このエリアは，昭和期にはミニ遊園地やローラースケート場をはじめとする施設が立ち並んでいた．なかでも，旧鶴川座と旧川越織物市場は，このエリアの

40

中核的な存在だった．旧鶴川座は1898年に芝居小屋として建設され，昭和期には映画館として活用された．芝居小屋としては首都圏唯一の木造建造物として貴重だったが，現在は解体され観光客向けホテル「Hatago COEDOYA」とフードコートが一体になった商業施設となっている．旧川越織物市場は，川越が織物の集散地として栄えていた遺構であり，2015年には歴史的風致形成建造物に指定された．今後は，隣接する旧栄養食配給所とともに，文化財復原とクリエイターなどの創業や，新たなビジネス創出活動を支援する文化創造インキュベーション施設として活用する予定である．

5. 動態地誌的に地域をとらえる

現在の川越は一番街や菓子屋横丁，夢通りなどの歴史的景観を中核資源として観光につなげている．本稿では，「江戸・東京とのつながり」を中核事象とし，つながりの深い事象としてそれにかかわる歴史的背景や観光を挙げた．

江戸・東京とのつながりは，交通面でのつながり（a），徳川家とのつながり（b），蔵造りのモデル（c）というつながりがあった．このつながりが相まって，川越が県内で重要な地位についていることがわかる．蔵造りの景観も銀座や日本橋に

由来するものであり，こうしたつながりは鉄道開通によりさらに加速していったが，商業の中心地は一番街などから駅周辺へ移ることになり，旧中心商業地は衰退の一途をたどることとなった．これは結果的に，旧中心商業地の歴史的景観をそのまま残すことになった．文化財保護法改正や一番街周辺でのマンション建設計画により，行政や住民の景観保全に対する考えが変わってきたことで，歴史的景観を生かしたまちづくりはさらに加速して現在に至る．首都圏の観光客はもちろん，近年では外国人観光客も多く訪れる街となった．

しかし，観光客増加で露呈してきた課題もある．一つは，東京が近いことに伴う宿泊施設の少なさである．宿泊を伴う滞在型観光なら，さらなる経済効果が期待できる．もう一つは，オーバーツーリズムに関するものである．一番街には県道が走っており，車の交通量が多い．一番街を訪れる観光客は多く，車道にまで人があふれている現状がある．また，2022年に大手旅行会社JTBは，観光客がごみを捨てる際に料金を支払うことで，ごみのポイ捨て問題の解決と持続可能な観光地づくりにつなげる実証実験を川越で行った．観光地でのごみ処理に関して，川越が先行事例となることが期待されている．

（森山知毅）

文献
記念誌編集委員会 1999.『株式会社丸広百貨店創立50周年記念誌　さらなる飛躍をめざし』丸広百貨店.
永野征男・高木園実・長谷部佳世 2002.歴史都市川越における中心商業地の転移について．地理誌叢43（1・2）：42-54.

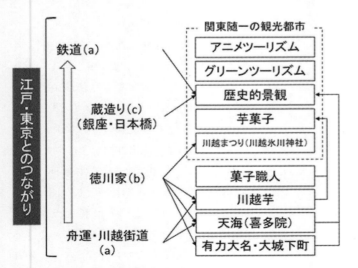

図5.6　川越の都市形成とその契機に関する模式図

1．甲府盆地の地形と人間活動

【甲府盆地の位置と地形】

　山梨県は東京都の西側に隣接し，内陸に位置する海なし県である．この地理的位置は，後述する通り様々な面で地理的特徴に影響する．図 6.1 中の色の濃い部分が山地であり，山梨県の大部分は山に囲まれ，その内側が甲府盆地である．中央線で東京方面から甲府盆地内に入ると，ぶどうで有名な勝沼ぶどう郷駅があり，盆地の底に県庁所在地の甲府が位置する．

　甲府盆地には釜無川と笛吹川という比較的大きな河川が流れており，これが合流すると富士川と名称が変わり南へ流れて太平洋に注ぐ．釜無川と笛吹川の上流では多くの小河川が流れる．雨とて降った水は高所から低所へ流れるため，甲府盆地を囲む山地に降った雨はこれらの河川を伝って盆地の底に溜まる．そのため，治水技術が未熟であった近世以前は水害との戦いの歴史であった．

【信玄堤の役割と甲州流治水技術】

　甲府盆地の水害に関する歴史的史跡の中に，信玄堤（雁行堤，霞堤）がある（図 6.2）．通常，堤防は大雨で河川の水量が増えた際に堤内地（堤防によって守られている側）に水が流れ込まないようにするためのものであるため，隙間なく造られるのに対して，信玄堤は不連続堤となっている．この役割としては，① 手前の堤防が決壊しても奥の堤防で水流を食い止めるとともに，② 隙間に水流を流すことで力を弱めて堤防を守る役割を果たしたという．笛吹川沿いの山梨市の万力公園には，土盛の霞堤と石積の雁行堤（図 6.3）が残されている．図 6.2 や図 6.3 の 1 本の堤防はおよそ 30 m である．身長 171 cm の著者と比べるとこの高さは 1 m ほどにみえる．堤防としては高さが低いと感じられるが，これについては後述する．

図 6.2　信玄堤（雁行堤・霞堤）の模式図
（山梨県立博物館シンボル展「信玄堤」パンフレット）

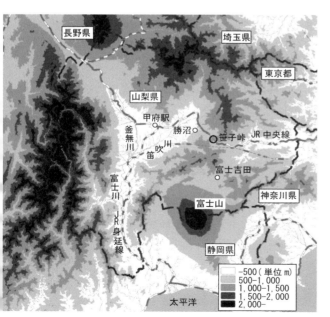

図 6.1　甲府盆地の位置と概要（地理院地図により作成）

図 6.3　万力公園の雁行堤（2014 年 11 月撮影）

なお被写体が小さい場合のスケールには，ボールペンなどを使用するとよい．

　武田信玄が行ったとされる治水事業としては信玄堤が有名だが，これだけではない．丸太で三角すいの枠を作り，これを網の中に石を入れた蛇籠に載せた聖牛は，流水を正面から受け止めることで，大小の石や砂が堆積して河床の侵食を防止し，流速の緩和，護岸の洗堀防止の効果がある．信玄による治水遺跡が数多く残る御勅使川では，石積出によってかつての流路を曲げて集落を守り，新しい流路は高岩にぶつけて釜無川に合流させることで水流を弱めるなど，様々な仕組みによって流域全体が守られた．これらは当時，「甲州流」治水技術といわれ全国へ波及したため，今日も霞提は日本の各地で残っている．

　全国に残る霞提は現在，堤防としては使われていないことが多いが，東日本大震災の後，各所で注目された．この震災では想定外とされた津波によって大きな被害を被ったが，震災後，沿岸の堤防の高さをめぐって議論があった．数百年に一度の津波から守るには相当な高さにする必要があり，現実的には限界がある．堤防という人間の技術によって，自然界の脅威を完全に防ぐのではなく，自然の脅威を受け止めつつも，人間社会の被害を減らす方法として参考とされた．

【明治40年水害とその背景・影響】

　甲府盆地で発生した水害の中で，最も大きな被害をもたらしたのが，1907年のいわゆる明治40年水害である．犠牲者233名，被害家屋1万戸以上，埋没宅地・田畑650haにおよび，図6.4にみられるとおり，釜無川と笛吹川の合流地点付近を中心に浸水被害が広範囲にわたり，土砂災害は両河川の上流部を中心に広く発生した．図6.5からは広範囲で山肌が剥がれ，山地の巨礫が運搬されて盆地の底に堆積している様子がみられ，被害の大きさが想像できる．

　大雨によって生じた自然災害ではあるが，人災の側面もある．県土の78%を占める山林の管理

図6.4　明治40年水害の略図（山梨県1907）

図6.5　旧塩山市における明治40年水害の被害状況
（山梨県1907）

が，江戸期は入会地として村落共同で管理されたが，これが1881（明治14）年に国有化された．時代は富国強兵・殖産興業の名の下に，産業の活性化が国策とされ，薪炭需要が旺盛であったために，山林が過剰に伐採された．その中で生じた大雨によって大きな被害がもたらされた．森林は雨を受け止め土壌が流されるのを防ぐ重要な役割を担うからこそ小学校の社会科でも扱われており，「緑のダム」や「天然のダム」とも表現される．

　災害後，地元の働きかけで山林の所有権が山梨

図 6.6　日本初のコンクリートによる
砂防堰堤である芦安堰堤（2018 年 9 月撮影）

図 6.7　門松はおかずその絵を貼る家庭
（2012 年 1 月撮影）

県に戻ったが，それは天皇が下さったという「下賜」の形であった．これに対する感謝を表したのが，甲府城の高台に立つ謝恩碑である．以後，治水や山林を管理・保護する体制が山梨県でも取られた．御勅使川の上流の芦安堰堤では日本で初めてコンクリートを使用した砂防堰堤が（図 6.6），また河川にはいくつもの砂防堰堤群が築造され，地形図や地理院地図でも確認できる．正月に地域を歩くと，門松をおく家庭は目につかず，門松が描かれた絵が玄関に飾られており（図 6.7），これも木を大切にする思想の表れといえる．なお次節でみる通り甲府盆地は降水量が少なく，治水が進んだ今日では水害は少ない．

【雁行堤の高さが 1 m と低い理由は？】

　さて，図 6.3 の雁行堤の高さが 1m ほどと低い理由はなぜであろうか．先述の明治 40 年水害のみならず，甲府盆地ではたびたび大小規模の水害が生じており，その都度山地から土砂や礫が供給され盆地に堆積した．雁行堤の多くは，築造時は

5 m ほどであったが，その後数百年をかけて土砂が堆積し，現在は上部の 1 m ほどがみえている状態であり，土を掘れば下にも堤防が表れる．図 6.3 は，盆地という地形の特徴やそれにより生じた自然現象を説明できる地理写真といえる．

【地形と交通の関係，その都市発展への影響】

　山梨県は首都東京の西側に隣接し，江戸時代から五街道のひとつである甲州街道でつながってはいたものの，江戸と甲斐の国の間の人や物資の移動は活発ではなかった．参勤交代で利用していたのも高遠・高島・飯田の 3 藩のみとされる．

　物理的距離が近いにもかかわらず人や物資の移動が頻繁でなかった理由は地形にある．特に江戸時代は長いトンネルが存在しないため，甲州街道も千メートル級の笹子峠を越える必要があり（図 6.8），起伏が急である．移動が困難であることに加えて，飛脚などが物資を運搬する際には平地と比べてはるかに高い費用がかかった．そのため，甲府から江戸へ物資を運ぶ際には，釜無川や笛吹川，富士川を経由して静岡方面から江戸へ運搬することが多かったといわれる．

　甲府盆地東部に位置する笹子峠の存在は，明治期以降の鉄道の開通にも影響をもたらした．標高が高い山はその裾野も広く（図 6.8），トンネル開削に時間と費用がかかり鉄道の開通が相対的に遅れた．開通当時は日本最長の鉄道トンネルであった．中央線は国土構造や軍事的観点でも東海道線の裏鉄道として重要であった．完成した笹子トンネルの東京側には伊藤博文筆の「利地因」（土地

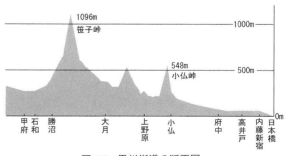

図 6.8　甲州街道の断面図
（上野 1993 により作成）

44

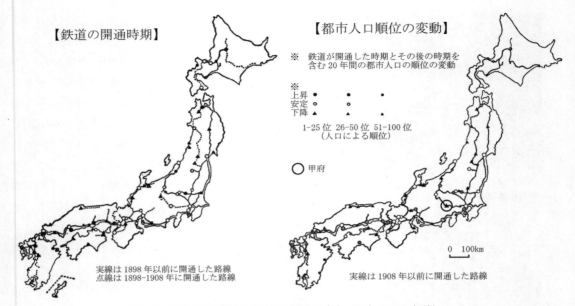

【鉄道の開通時期】

【都市人口順位の変動】

※　鉄道が開通した時期とその後の時期を
　　含む 20 年間の都市人口の順位の変動

※
上昇　　● 　　●　　　　●
安定　　○ 　　○　　　　○
下降　　▲ 　　▲　　　　▲

1-25 位 26-50 位 51-100 位
（人口による順位）

◯ 甲府

0　　100km

実線は 1898 年以前に開通した路線
点線は 1898-1908 年に開通した路線

実線は 1908 年以前に開通した路線

図 6.9　鉄道の開通時期と都市人口順位の変動（谷内 1982 に加筆）

を活かして発展する，の意味）と甲府側には山県
有朋の「工天代」（天に代わって工事する，の意味）
の書が掲げられている．

　図 6.9 の左図をみると，中央線の開通は 1898
〜 1908 年の間（甲府駅開業は 1903 年）であるの
に対して，高崎から日本海側へ至る路線や宇都宮
から東北方面へ至る路線は 1898 年の時点ですで
に開通している．図 6.9 の右図をみると，中央線
の開通が遅れたことで，1908 年の前後で人口を
指標とした甲府の都市順位が下落した．このよう
に盆地地形の影響による鉄道開通の遅れは，山梨
県の発展にも影響をもたらすこととなった．

2. ぶどう栽培の拡大の背景
【モデルと異なる京戸川扇状地の土地利用】

　平成の市町村合併で甲州市となった勝沼は，国
内屈指のぶどうの産地として知られる．京戸川に
よる土砂や礫の運搬・堆積作用によって作られた
扇状地は，コンパクトながら扇状の形や果樹栽培
が行われる典型的な扇状地として，教科書や地図
帳などで取り上げられることが多い．9 月頃にな
ると辺り一面が棚栽培によるぶどう畑が広がる

（裏表紙写真参照）．

　扇状地は標高の高い方から扇頂，扇央，扇端と
される．河川が作った地形だが，扇央では水無川
になる場合も多く，地下水も深い．一方扇端では
流域の水が集まるため河川にも水が流れるだけで
なく，湧水帯があり，地下水も浅いため，水を取
得しやすい．そのため土地利用は，古い集落や水
田は扇端にあり，扇央は水はけのよさを活かして
畑や果樹園，以前なら桑畑などで利用されること
が多い．京戸川扇状地でも，1956（昭和 31）年
発行の 2 万 5 千分の 1 地形図「石和」をみると，
扇状地全体で果樹園や桑畑が広がり，水田は扇端
に分布している．

　しかし現地での観察や最新の地形図から今日の
土地利用をみると，扇端から扇頂まで果樹園（ほ
ぼぶどう）が広がっており，扇端にも水田は一切
みられない．扇状地のモデルケースとして扱われ
る京戸川扇状地で，モデルとは異なる実態がみら
れることを，どのようにとらえればよいか．地理
学には環境決定論という概念があり，様々な事象
を自然条件で説明することが多い．しかし人間は
自然条件の影響を受けるばかりではなく，技術の

向上とともに環境条件を乗り越えたり，場合によっては環境を改変したりするようになり，そのような概念を環境可能論という．この京戸川扇状地の場合も，自然条件としては扇端で水田ができるものの，国内屈指の産地としてブランド化されているぶどうを作った方が利益を得られれば，積極的・能動的にぶどうを作ることが考えられる．

【ぶどう農家の特徴とぶどうの活用方法】

日本屈指のぶどう産地ではあるが，その担い手のほとんどが，高齢な農家ひとりやふたりで作業をしている．ぶどう畑には様々な種類のぶどうが栽培されているが，それは労働力が少なくわずかでも剪定や箱詰めといった諸々の作業の時期をずらすためという．

栽培されるぶどうの活用の仕方も様々である．JA などを通して東京を含めた諸地域へ運ばれ最終的にはスーパーなどに並び消費者に渡るといった市場出荷が最も多いが，そのほかにも近くでの直接販売（直売）や，観光客自らで収穫してもらう観光農園，またワインの原料としても活用される．観光農園は多くの人口を抱える東京都や神奈川県に近接する地理的位置の優位性を活かしたものであり，これらの方面へアクセスしやすい幹線道路である勝沼バイパスや甲州街道の近くなどで多くみられる．

【ぶどう栽培拡大の地理的背景】

勝沼を含む甲府盆地が日本一のぶどう産地となった地理的背景として，ひとつは先述の通り扇状地としての水はけのよさがあげられる．次に気温の日最低気温と日最高気温の差を意味する日較差が大きいこと（図 6.10）や日照時間が長いことは，ワイン用も含めてぶどう栽培に適している．山に囲まれて日の出が遅く日の入りが早い甲府盆地でも日照時間が長いのは，雲が少ないためである．雲が少ないということは雨が少なく，これもぶどう栽培の好条件となる．これらはいずれも盆地気候の特徴といえる．

盆地や内陸では，陸と海洋での比熱の差により，

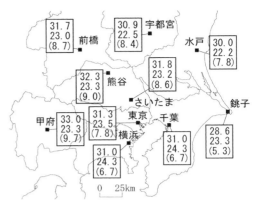

図 6.10　8月の日最高気温（上段）と
日最低気温（下段）の平年値
（　）は最高と最低気温の差．
（気象庁の資料により作成）

沿岸部よりも気温の日較差や年較差が大きくなる．比熱とは，物質の温度を上昇させるために必要な熱量であり，要は，「陸は水や海よりも熱しやすくて冷めやすく，逆に水や海は陸よりも熱しにくくて冷めにくい」性質をもつ．真夏の天気予報では，甲府・熊谷・宇都宮・前橋といった内陸の都市では，熱しやすいために最高気温が高まり猛暑日が続く中で，三方を海で囲まれた銚子ではこれが低くなる（図 6.10）．また，海に近い方が空気中の水分濃度（湿度）は高くなり，逆に沿岸部よりも内陸の方が乾燥するのが一般的であり，かつ盆地は海洋とは山によって隔離されているために一層空気が乾燥し降水量は少なくなる．

ぶどう栽培が拡大した地理的背景は，以上の自然条件だけではない．たとえ自然条件が適していて多くのぶどうが作られても，それを消費する人がいなければ売ることはできない．戦後，一般道や高速道路の整備が進むと，甲府盆地で採れたぶどうをいち早く東京などの大消費地へ出荷できるようになり，ぶどうやももなどの果樹園が急激に拡大した．図 6.11 からは，1949 年から 1960 年の間に果樹園が急拡大していることがわかるが，これは国道 20 号が通る新笹子トンネルが開通したことによる．

それまではトラック輸送の際には江戸時代から

46

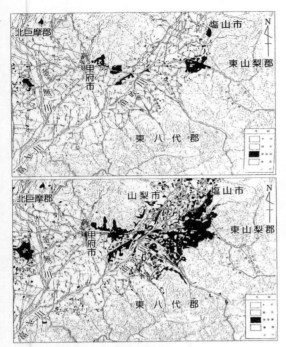

図 6.11　新笹子トンネル開通前後における果樹園の拡大
上図は開通前の 1949 年，下図は開通後の 1960 年．
黒の凡例が果樹園．（有泉 2003）

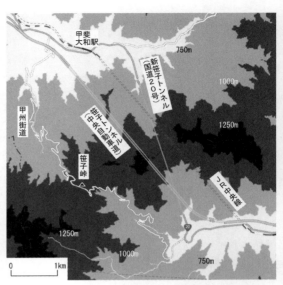

**図 6.12　甲府盆地の内外を通る甲州街道と
各種トンネル**（地理院地図により作成）

の甲州街道が使われていた．先述の通り千メート
ル級の笹子峠を越える必要があり，急斜面の中地
形を縫うようなカーブが続く道路であるため，距
離も長くてスピードも出せず時間がかかった．そ
こに直線の新笹子トンネルが開通すると距離が短
くなりスピードも出せるようになると，甲府盆地
から京浜地域へ出荷に要する時間が数時間短縮さ
れたという．地理や歴史好きの人があえて旧街道
を使うことがあるが，ここでは車酔いに注意した
い．こういった道路の状況は図 6.12 の通りくね
くねした形態として地理院地図などの地図にも反
映され，これが物流に関わり地域へ大きな影響を
もたらすことが理解できる．

【ぶどう栽培のきっかけ・僧行基説】

　勝沼をはじめとした甲府盆地でぶどう栽培が広
がった背景は，上記の地理的背景だけではない．
勝沼でこれがはじまったきっかけは，仏教思想を
全国に広めた僧として知られる行基が 718 年にこ
の地を訪れた際に，手にぶどうをもった薬師如来

の夢をみたことで，同じ像の薬師如来像を安置す
るとともに，村人にぶどうの作り方を教えたこと
によるという．これはあくまで有力な説のひとつ
であり事実か否かはわからないが，最初のきっか
けとしてはこのような偶然的な事実ということは
あり得る．ただし最初のきっかけが偶然だとして
も，それが地域に広まり定着するには，上記のよ
うな地理的背景が関わるはずである．なおこの手
にぶどうをもった薬師如来像が安置されている大
善寺の薬師堂は，1286 年創建の国宝である．火
災の多い日本では珍しく 700 年以上建ち続けてい
る建物であり，木が変色して赤みがかっている様
子から，長い年月を感じさせてくれる．

【養蚕業の衰退と果樹への転換】

　工業化で化学繊維が普及し，養蚕業が衰退して
農家が果樹へと転換したことも，ぶどう栽培が拡
大した歴史的・時代的背景としてあげられる（図
6.13）．2 章で取り上げた川崎などの工業都市で高
度経済成長期に化学繊維工場が活気づいた裏で
は，養蚕が盛んだった地域の農業が衰退してい
る．地誌的見方・考え方を縦軸とすると，工業や
農業といった系統地理的見方・考え方を横軸とし

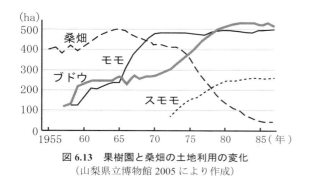

図 6.13　果樹園と桑畑の土地利用の変化
（山梨県立博物館 2005 により作成）

て（図0.1），地域間の関連性を意識できるとよい．
またこのように時代とともに地域の産業は変化す
るが，それは農家などの地域の主体が時代の変化
に対応した結果ととらえることもできる．

【ワイン生産の歴史】

　ぶどう栽培拡大の歴史的背景の最後に，ワイン
の活用をあげる．日本の中では，甲府盆地におけ
るワイン製造の歴史は古い．殖産興業の一環とし
て明治政府はぶどう栽培が盛んなこの地へワイン
生産を命じ，1877（明治10）年に日本初の葡萄
酒醸造所（ワイナリー）が甲府城につくられた．
しかしワインの生産はそう簡単ではなく，1884（明
治17）年にこの醸造所は閉鎖するが，その間に
本格的なワイン生産を学ぶために，甲府盆地の若
者ふたりがフランスへ留学し，甲府盆地へ帰って
その技術を伝えた．彼らが関わって設立した国内
初の民間ワイン製造会社がルーツになり，今日の
国内最大手のワインメーカー・メルシャンがある．

　甲府盆地を含め日本のワインは，かつては生食
用ぶどうの余りで作られたために評価が低かった
が，近年ではワイン用のぶどうが各地で作られる
ようになり，世界的なコンクールでも高い評価を
得るようになった．近年では，甲府盆地内に数多
く存在するワイナリーをめぐり，ワイン用ぶどう
畑とワイナリーで説明を聞き，ワインを飲んで楽
しむワインツーリズムも人気である．

　なお余談ではあるが，温泉地として知られる
石和温泉は，1961年にぶどう園から温泉が湧き，
ぶどう用の用水路に流して「青空温泉」として活
用したことが温泉観光地化の契機とされる．この
地域では，様々な事象がぶどうと関わっている．

3. 地域資源と地理的背景

【郷土食としてのほうとうと吉田うどん】

　甲府盆地の郷土食として知られるほうとうは，
小麦粉を練り，ざっくりと切った麺を，野菜とと
もに味噌仕立ての汁で煮込んだ料理で，主な材料
は小麦と野菜である．武田信玄の陣中食ともいわ
れるが，山に囲まれて海がなく，平地も少ないう
えに水はけが良すぎるために水田が少ない甲府盆
地では，米や海魚の食文化は育ちにくく，小麦や
野菜中心の食文化が定着した．甲府盆地のほか，
例えば群馬県などの海なし県でもうどんが郷土食
として定着している．

　山梨県では，ほうとうのほかにも富士吉田付近
を中心とした郷土食に吉田うどん（図6.14）があ
る．ほうとうに比べてコシが強く，小麦粉を多く
使うためにハレの食事とされる．養蚕や機織りで
忙しい女性に代わって男性が力強くこねることか
ら，強いコシが生まれたともいわれる．コシの強
さを各店が競う面もあり，最初は驚く人も多いが
癖になるという声も聞かれる．

　このような特徴のうどんが富士吉田を中心に広
まったことにも理由がある．京戸川扇状地でかつ
て桑畑がみられたように，山梨県もかつては養蚕
が盛んであったが，その中心は甲府盆地（国中）
よりも，富士吉田や大月など，その東側の郡内と
呼ばれる地域であった．養蚕が盛んな地域で上記
の特徴をもつ吉田うどんが盛んになったように，

図 6.14　吉田うどんの例（2017年3月撮影）

郷土食には地域の地理や歴史が反映する.

【海なし県でもよく食べるマグロ】

　ほうとうや吉田うどんが食された背景には,地域で採れた食材を活かしたことがあげられるが,1958（昭和33）年には先述の新笹子トンネルを通る国道20号が,1976（昭和51）年には中央自動車道が開通すると,山梨県と京浜地域間のものや人の移動が活発となる.これに加えて冷蔵・冷凍技術が向上すると,他地域から様々な食材が入り込むため,地域で採れる食材ばかりを食する必要はなくなる.今日では,甲府盆地内のスーパーにも当たり前のように刺身などの生鮮食料品が並ぶが,高齢者を中心に,ハレの日しか食べることができず憧れをもっていたかつての経験から,山梨県民は好んでマグロを食べるという.甲府市におけるマグロの消費金額は,県庁所在地の中で2位（2017～19年の平均値）という.人口当たりの寿司屋の数は全国1位（2014年）であり,これは以前は生のままでは食べられず〆るといった一手間が必要だったことも一因とされる.

【新日本三大夜景】

　近年フォーカスされている観光資源に夜景がある.山梨市の笛吹川フルーツ公園からの夜景が,新日本三大夜景に認定された.いわゆる日本三大夜景が函館,神戸,長崎でいずれも港町であるのに対して,山梨市は盆地である.港町を囲む海も盆地を囲む山も,夜になると真っ暗になり,ネオンとのコントラストが美しい.神戸に比べると甲府盆地は人口規模が小さくネオンの数も少ないにもかかわらず,実見すると想像以上にきれいにみえる.これは前節で触れた盆地気候の特徴によるものであり,空気が乾燥しているために,ネオンは少なくてもひとつひとつの光が輝いてみえる.冬になると,乾燥している日の日中は富士山がよくみえるが,夜の場合はネオンの輝きの違いとして表れる.丘の上の温泉では,こういった夜景をみながら露天風呂に入ることもでき（表紙写真参照）,新たな観光資源として活用されている.

4．地形を中核とした甲府盆地の動態地誌

　これまでみてきた甲府盆地の地理的事象の関係性を示したのが図6.15である.甲府盆地では,かつて水害と戦った経験や食文化,気温の日較差や日照時間の長さからぶどう栽培が盛んなことや夜景の人気など,いずれも盆地という地形的特徴が関わっている.甲府盆地では,地域が抱える魅力も課題も,地形条件からもたらされる場合が多い.そのため甲府盆地の地理的な特徴や構造をとらえる際には,地形を中核事項として他の事象との関係をみると,地域の構造が理解しやすい.なお1章の横浜,2章の川崎,4章の千葉県,5章の川越,6章の甲府盆地は,いずれも東京都に近接する地域であり,東京との関係性が地理的な性格に強く反映する点で共通している.　　（牛垣雄矢）

文献

有泉貞夫編 2003.『山梨県の百年』山川出版社.

上野晴朗監修 1993.『歴史資料集　甲州街道』建設省関東地方建設局甲府工事事務所.

谷内　達 1982. 鉄道網の発達と都市システムの変容―1879～1978年―.田辺健一編『日本の都市システム』古今書院：70-82.

山梨県編 1907.『明治40年8月下旬山梨県水害実景』山梨県庁.

山梨県立博物館 2005.『山梨県立博物館　常設展示案内』山梨県立博物館.

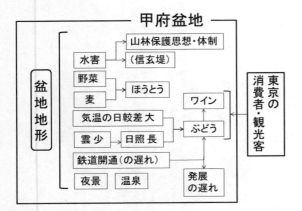

図6.15　盆地地形を中核事項とした甲府盆地の動態地誌

1. 自然への働きかけと開発

　人間は自然から制約を受けて生活するとともに，自然へ働きかけることで生活水準を向上させ，同時に地域との結び付きを強めてきた．この動きは，日本の近代化により各地域で大きく進展する．

　地域社会は様々な立場を持った人が集まり構成されているが，地域共通の土台となる自然に対しても，人のまなざしは様々である．土台となる自然に対して各主体はいかにして働きかけ，開発してきたのか．ここでは雪を中核に，各主体の自然への働きかけと開発に注目して，新潟県湯沢町の地理的特徴を探っていきたい．

2. 雪国の開発地盤
【観光地としてのイメージ】

　川端康成の著作，『雪国』が湯治場であった湯沢温泉を，そして湯沢という地名を有名にしたともいわれる．川端が最初に湯沢に訪れたのは，群馬県高崎駅から長岡市宮内駅間の上越線が全通した3年後の1934年である．

　また，湯沢町においてスキーは欠かせない．高度経済成長期から1990年代前半まではスキー人口が増加し，スキーブームと呼ばれる．1981年からは毎年苗場プリンスホテルで松任谷由美がライブを行っており，松任谷が主題歌を歌う1987年公開の映画『私をスキーへ連れてって』のヒットや，1991年から東日本旅客鉄道がはじめたキャンペーン「JR SKISKI」のテレビコマーシャルが人気になるなど，話題が絶えない．一方で1999年からは夏期の集客を目指した苗場プリンスホテルと地域の連携により，フジロック・フェスティバルが苗場スキー場で行われている．

【湯沢町の自然環境】

　湯沢町は地形的にみると，文字通り「行き詰ま

り」となっており（図7.1），河川の流れる北側を除き，山に囲われている．東京との直線距離は約160 kmであり，東京などのいわゆる「表日本」とは脊梁山脈に隔てられ，日本海側の「裏日本」の中でも同山脈近くに位置している．

　日本海側における冬の気候は，降雪を伴う場合が多い．冬は大陸に寒冷なシベリア高気圧が形成され，北太平洋上に低気圧が発達することで，西高東低の典型的な冬型の気圧配置をとる．気圧傾度力によって寒冷で乾燥した北西季節風が大陸から吹き出し，日本海上を吹走すると，暖流の対馬海流が流れていることもあり，多量の水蒸気を供給し雪雲を発達させる．水蒸気を含んだ空気が日本の脊梁山脈により滑昇することで，日本海側に降雪をもたらす．湯沢町は学校の教科書において，季節風の影響を受ける典型事例地域として取り上げられたこともある．

図7.1　新潟県湯沢町の位置および地形と交通網

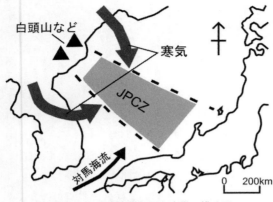

図7.2　日本海寒帯気団収束帯の模式図
（八木ほか 1986 を参考に作成）

また，地形の影響を受け，活発な対流によって降雪が局地的に集中することがある．白頭山を含む中国と北朝鮮の国境付近の標高の高い山々を寒気が迂回し，合流するところに日本海寒帯気団収束帯（JPCZ）と呼ばれる収束域が形成される（図7.2）．この収束域は，気象条件によって位置が動くが，収束域の先にある北陸・山陰地方は影響を受けて局地的に大雪になることがある．

3. 雪国の交通・観光地開発

【スキー文化の流入とスキー場の開設】

　日本へのスキー技術の伝達には諸説あるが，オーストリア・ハンガリー帝国の軍人レルヒが，1911 年に上越市高田の軍人に指導したことが有力な説とされている．湯沢には，その 2 年後の1913 年にスキークラブが結成され，山間部では多雪という条件を生かしてスキー場が開設され，主にそこでスキー技術の指導が行われた．スキーは最初，移動のためなど実用的な面から普及したが，やがてスポーツとしても扱われるようになった．現在，新潟県では「レルヒさん」というご当地キャラクターになり，PR 活動を行っている．

【上越線の開通】

　先述したように湯沢町は「行き詰まり」の地形であるため，鉄道の開通前は東京に行くには峠を越えるか迂回する必要があった．特に積雪期の湯沢では積雪量が 3m をゆうに超えることから，現在の国道 17 号の三国街道は，天候によっては歩行での通行でさえも命の危険があるとして，ほかの街道に回ったほうが良いと考えられていた．そのため雪によって，他地域との交流が隔絶されていた．一方で，雪による交流の隔絶から生まれた産物が織物の縮ともいわれている．宿泊者も夏場に 6 日ほど滞在する人が多く，湯治場そのものであった．

　上越線の全通は 1931 年であるが，すでに 1869（明治 2）年には明治政府は現在の上越線に近い鉄道の敷設の計画を立てていた．有志によって鉄道敷設の請願がなされたが，地勢がけわしく積雪が多いことから敷設工事の困難さ，巨額の費用と長い年月が必要であることを理由に国営による建設は退けられた．民間で鉄道の敷設がはじめられたものの，日清戦争後の好景気による物価高や内部対立によって実現せず，1901 年に解散となった．

　しかし，その後に鉄道輸送の需要が増加すると，上越線が東京と新潟の最短路線であるため，帝国議会において注目されるようになった．第一次世界大戦期になると，日本海側と太平洋側を結ぶ路線として関心が高まり，線路を敷設する動きとなった．上越線沿線住民は，地域経済発展の点で経済的意義，陸軍や政府，議員たちは，満州に対する軍事戦略の点で軍事的意義に注目した．上越線敷設の動きは帝国議会と政府が主導し，日清戦争後に軍事的意義が増大したことが，上越線の実現につながったと考えられる（畢 2002）．

　上越線が全通すると，湯沢と東京は 4 時間で結ばれ，積極的にスキー客誘致が行われた．湯沢には関東方面から富裕層のスキー客が殺到したが，当時はまだ数えられるほどの旅館しかなく，スキー客を一般民家へ案内し，宿泊してもらった．雪が降りはじめれば冬ごもりで来訪者も少なかった民家では，スキー客を珍客としてもてなした．これが湯沢におけるスキー民宿のはじまりと考えられる．2021 年現在，全国と比較して湯沢

表 7.1　湯沢町における交通の発達	
1931	上越線全通
1950	週末臨時夜行列車「銀嶺」号の運転
1959	国道 17 号線三国トンネル開通
1969	スキー臨時特急「新雪号」開始
1985	上越新幹線上野駅乗り入れ
1986	関越自動車道全通
1990	ガーラ湯沢駅開業
1991	上越新幹線東京駅乗り入れ

（『湯沢町史』による）

町民の「宿泊業，飲食サービス業」就業者比率は 36％と非常に高く，典型的な観光地である．それは上越線の開通が起点になったといえる．

【道路敷設と交通の発達】

　上越線開通後，豊富な雪を背景にスキー観光で脚光を浴びつつある湯沢であったが，同時に住民は雪との闘いでもあった．現在でも雪下ろし中の事故も存在するが，過去には大雪で道が通れずやむなく線路上を歩かなければならないことや，家を雪崩が襲うこともあった．雪に阻まれる湯沢であったが，「列島改造」の下に交通が発達するようになり，観光客も増加した（表 7.1）．

　その中，1947 年に現在の湯沢町を含む旧新潟 3 区から国会に選出されたのが政治家の田中角栄である．角栄が旧新潟 3 区の選挙で当選を続けた要因として，当時のほかの候補者が重要視していない「辺境地域」であった豪雪地域を政治基盤として票を獲得したこと，立法行為により地元に利益誘導を行っていたことがある．道路に雪がなければ，雪の峠越えの代わりにトンネルがあれば，舗装された道路であればと，角栄は「道路は文化だ」という口癖のもとに道路立法が進められ，「国家のための道路」から「国民のための道路」へ，と全国的に道路改良が進められた．湯沢町でも道路を中心として除雪・融雪を行い無雪化，トンネル建設，道路建設が行われた．角栄のような政治家も，新潟の「風土」がつくり出したといえるのかもしれない．

　その後，日本中の交通網の整備が行われ，湯沢町と東京間は，1959 年の国道 17 号線全通当時は 4 時間，1969 年のスキー臨時特急は 2 時間 40 分，関越自動車道は 2 時間 50 分，上越新幹線は 90 分，現在は最短 70 分となり，時間距離が大幅に短縮した．

【交通条件とスキー場の立地の変化】

　冬期は積雪のために顧客が少なかった温泉地の湯沢も交通網が整備されると，冬期の顧客獲得のためにスキー場の開設が進んだ．湯沢町においてスキー場は，戦後の経済発展による国内のマスツーリズムの進展にともなうスキー人口の増加と，主要な顧客となる首都圏への交通条件の変化によって立地も変わっており，このことは現在のスキー場の分布からも確認できる（図 7.3）．

　1931 年の上越線の全通以降，特に東京の人々に対し，スキーの適地として認識されてスキー客が増加したため，スキー場は上越線の沿線に

図 7.3　湯沢町における開設年別にみたスキー場の立地
（2022 ～ 2023 年シーズン）
（『湯沢町史』，湯沢町観光協会ウェブサイトにより作成）

立地していた．その後，1959 年に国道 17 号線の三国トンネルが開通し，自動車を利用して鉄道駅から離れたスキー場へのアクセスが可能となったことで，苗場スキー場が開設するなど，自然条件の良好な場所への立地が強まった．以後，観光客の需要にこたえるように外部資本による大規模なスキー場が現れた．規模の小さな地元資本はスキー場の開設に乗り出すことが困難となり，1971 年以降は地元資本が開設したスキー場はない．そして上越新幹線が開業し，1986 年には関越自動車道が開通すると，1992 ～ 93 年シーズンまでは急激にスキー客が増加した．湯沢町におけるスキー場発展の条件として，上記の交通条件のほか，大きな面積の林野利用が容易という土地条件があげられる．また，1990 年頃には首都圏との時間距離の短さを売りとし，新たなサービスを持つスキー場が出現した（呉羽 1995）．例えば神立高原スキー場（現在の神立スノーリゾート）は，湯沢 IC との利便性に優れており，駐車場とゲレンデが接近し朝から深夜まで営業するなど，自動車での日帰りスキー客を主な顧客としている．

【リゾートマンションの増加と集積】

現在，湯沢町におけるリゾートマンションは 57 棟あり，その多くがバブル経済の下で外部資本によって建設された．リゾートマンションブームの火付け役となったのが，1985 年の越後湯沢駅付近

図 7.4 「マンション銀座」と呼ばれる
リゾートマンション群（2023 年 8 月撮影）

の「ライオンズ 1 号」の完成であった．リゾートマンションの建設地は，越後湯沢駅付近では旅館や民宿，苗場スキー場付近では山林や樹林，岩原スキー場付近では農地からの転用が多かった．

岩原スキー場前駅から岩原スキー場へ通ずる周辺地区はリゾートマンションが集積し，「マンション銀座」と呼ばれるほどである（図 7.4）．この地区へリゾートマンションが集積した要因として，① 岩原スキー場に近接している，② 民宿経営を基盤とした土地所有者の農地である，③ 土地改良事業により基盤整備の進んだ土地がある，④ 観光開発を期待した土地所有者が農用地区域の指定を受けていない，という 4 つがあげられる（川口 1997）．土地所有者と建設の合意がありながらも，リゾートマンションの地域社会への影響については賛否両論があり，その資本や所有者，景観的特徴から「東京都湯沢町」と揶揄されることもあった．

4．雪国の開発を越えて
【スキー場の閉鎖・休業】

1993 年以降，スキー人口は著しく減少し，バブル経済の崩壊とほぼ同時期にスキー場開設数は減少，リフトなどの索道経営会社は倒産し，それにともなう経営変更がみられた．索道規模やゲレンデの高低差からみて，小規模なスキー場の閉鎖・休業が全国的に多くみられ，それは湯沢町も同様であった．スキー場の閉鎖・休業は，スキー人口の減少にともなう経営悪化と考えられるが，それだけではなく，先述したスキー場の立地条件の変化や，スキー場が近接することによる競合関係から「集積の不経済」を生じていることもあげられる．スキー場は借地であることが多く，閉鎖となると原状復帰を求められることもあるため，閉鎖ではなく休業の形をとるスキー場もある（呉羽 2014）．

立地条件の変化の事例として，土樽駅前に立地していた土樽スキー場があげられる．1923 年に

**図 7.5　放棄されているルーデンスホテル（写真左）と
リフトが残るルーデンス湯沢スキー場（写真奥）**
（2023 年 8 月撮影）

地元のスキークラブによって開設され，1955 年
に外部資本によってリフトが設置された．1980
年頃には，土樽駅に停車する旅客列車は 1 日 16
本，乗降者数は 100 人に満たない．モータリゼー
ションの進行によって鉄道駅に隣接する優位性を
失い，2004 年に閉鎖された．

　現在，スキー場の閉鎖・休業跡地は放棄地となっ
ている場合が多く，スキーリフトの残骸がそのま
まの場合もある（図 7.5）．湯沢町の最近の閉鎖・
休業例として，ルーデンス湯沢スキー場がある．
経営していた株式会社ルーデンスは 2018 年の営
業を最後に，冬期のルーデンス湯沢スキー場を休
業し，キャンプやバーベキューを夏期のみ営業し
ていた．夏期の営業は，2023 年 6 月から経営元
が変更したが，かつてのゲレンデと隣接するホテ
ルは依然として使用されていない状態である．

【現在のスキー観光】

　2000 年以降はインバウンドツーリズムが発展
し，他国から日本への訪問者が増加した．湯沢町
は特に中国系ツーリストのスキー観光の訪問が多
い．背景には，中国国内におけるスキー観光の拡
大，東アジアに対する湯沢町観光協会の誘客活動，
上越新幹線によるスキー場へのアクセスの良さが
考えられる．中国国内のスキー場は人工雪も多く，
日本の天然雪のスキー場は魅力的な目的地となっ

ている．

　それでも湯沢町を訪れるスキー人口の多くは東
京圏に居住している．交通の発達により東京との
近接性に優れる湯沢町は，余暇時間の少ない日本
にとって適しており，日帰りスキーも一般的と
なっている．新幹線の駅に直結し，日帰りスキー
で有名なガーラ湯沢スキー場は，コロナ禍におい
て，宿泊をともなう「リゾート型」の形態をとり，
日本の中でも利用者数が 1 番といわれる苗場ス
キー場よりも利用者の減少率が低く，利用者数が
逆転する年もあった．ただしリゾート型のスキー，
日帰りスキーに限らず，日本のスキー観光の特徴
として，観光活動のほとんどがスキーであるため，
スキー場内で観光が完結してしまい，周辺地域の
都市機能が充実しないという問題を有している．

　スキー人口の減少にともない，スキー場は冬期
のスキー経営のほか，夏期にも観光客を取り込む
営業を模索してきた．湯沢町では 11 のスキー場
の内，7 つのスキー場で夏期の営業が行われてい
る．

【リゾートマンションの定住化】

　スキー人口の減少，バブル経済の崩壊により，
地価は暴落し，買い手が見つからず維持費だけが
のしかかるリゾートマンションを「負動産」と呼
ぶ記事もみられる．しかし近年はリゾートマン
ションへの定住者が増加している．

　2020 年には，1,300 人以上がリゾートマンショ
ンに定住しており，湯沢町民の17%を占めている．
定住者は 50 代以上の入居者が半数以上で，定年
が近い，もしくは定年を迎えて第 2 の人生の場と
して購入する人が多い．定住者の高齢化率は湯沢
町全体よりも高く，40% を超えている．さらに，
単独世帯の割合が高く，マンション内での孤独死
や認知症による徘徊などが問題視されている．ま
た，比較的低価格で除雪が必要ないことから，子
どもが購入して高齢になった親を住まわせること
もある．リゾートマンションはまちの中心から離
れたスキー場近くにも立地することがあり，週 1

回の福祉バスの運行や，地元スーパーのショッピングバスによるマンションごとの送迎が，車を運転できない居住者の交通手段となっている．

　湯沢町は現在，移住，定住の支援として，オフィス開設の補助や新幹線通勤の補助などを行っている．町内のベンチャー企業と湯沢町が連携し，リゾートマンションを活用した「お試し移住」の取り組みも行われている．さらに，コロナ禍においてリモートワークが普及し，東京圏からの比較的若い世代のリゾートマンション移住者が増加する様子を取り上げる記事がみられる．リモートで変わるリゾートとして，再びリゾートマンションが脚光を浴びている（新潟テレビ 21 テレメンタリー 2022）．

【湯沢町の開発と残された課題】

　湯沢町では，雪を中心とした自然条件をもとに，東京との近接性から開発がなされた．これを模式図にすると図 7.6 となる．

　雪を中心とした自然に対する主な開発主体は，地域，国，外部資本の 3 つである．スキー文化の受容以降，各主体による開発で発展してきた．その開発により雪は闘うものから資源へと変わり現在に至る．バブル経済の崩壊以降，開発は終わったかと思われたが，近年は地域による新たな開発が生まれている．

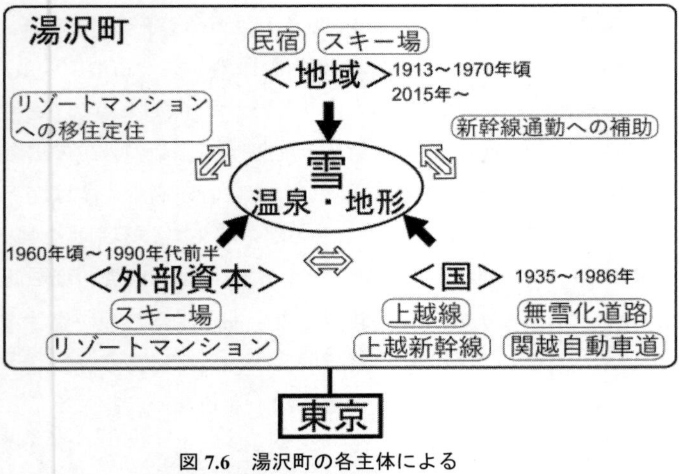

かつて開発主体が国や外部資本へ移行していくと，国の開発政策に根差すもの，資本主義経済発展のためとして，鉄道やリゾートマンションなど新たなものがつくり出されてきた．開発は人文社会的な文脈とは関係なく人間の願望を実現するものと定義されることがあるが，近年の地域による開発は，今までの開発において各主体が雪との関わりの中でつくり出したものを利用し，開発主体同士の密接な関わりの中で地域の文脈を生んでいる．ただし，2 節で述べたように，国や外部資本の開発も地域住民の合意形成に基づいており，地域と無関係に行われていたわけではない．

　湯沢町では，開発によって，ゲレンデ跡地が放棄されている現状やリゾートマンションの定住化という新たな動きがある．ゲレンデ跡地は土地所有者と協議のもと，土地の広大さ，湯沢町の利便性を生かして修学旅行の団体客を取り込むなどの活用が可能である．また，リゾートマンションは築年数が 30 年以上となり，建物の老朽化のほか，居住者の問題が山積している．まずは詳細に実態を把握し，リゾートマンションごとの方針を定めていく必要がある．

（五十嵐浩輔）

文献

川口祐輔 1997．新潟県湯沢町中子地区におけるリゾートマンション集中立地の歴史的背景．季刊地理学 49：151-162.

呉羽正昭 1995．新潟県湯沢町におけるスキー場開発の進展．愛媛大学法文学部論集 文学科編 29：131-155.

呉羽正昭 2014．日本におけるスキー場の閉鎖・休業にみられる地域的傾向．スキー研究 11：27-42.

畢可忠 2002．日清戦後の上越線敷設運動．現代社会文化研究 25：303-314.

八木正允・村松照男・内山徳栄・黒川信彦 1986．大陸沿岸の地形の影響を受けた日本海上の"帯状収束雲"と"Cu-Cbライン"．天気 33：453-465.

図 7.6　湯沢町の各主体による自然環境に対する開発の模式図

1. 城下町江戸の形成

【巨大都市への発達】

　今や東京は世界屈指の巨大都市となった．多くの人や機能が集まり魅力をもたらす反面，地価の高騰などの課題をもたらしている．本章では，東京が発達した背景を，そのプロセスとともに読み解いていく．

【家康入国と江戸の位置】

　江戸城は扇谷上杉家で家宰を務めた太田道灌によって築城されたことで知られるが，その規模はごく小規模であった．今日の大都市東京につながる城下町江戸が形成されたのは，徳川家康が入国した1590年以降といえよう．同年，相模国の北条氏が居城とする小田原城を豊臣秀吉の軍勢が囲み，その戦況を高台から秀吉と家康がみている際に，関東への転封が命じられたともいわれる．

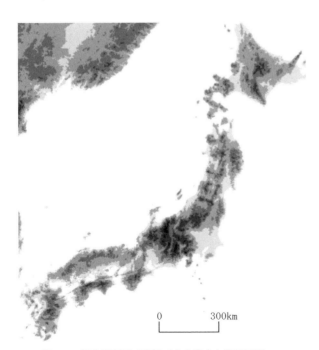

図 8.1　色別標高図で確認できる広大な関東平野
(地理院地図により作成)

　故郷の静岡に比べると京から離れた関東への転封に家臣たちは憤ったであろうが，広大な関東平野が広がる地形条件によって，多くの人口を抱えることができ都市の発達が可能なこの地で江戸幕府が開かれたことが，今日の世界一ともいわれる東京大都市圏の形成につながっている．地理院地図の色別標高図でも日本の平野の分布をみることができ（図 8.1），関東平野の広さが目立つ．

　関東の中でも江戸の地を選んだことは，家康に先見の明があったといえよう．関東のどの場所に居城を構えるかは家康の自由であり，鎌倉幕府がおかれた鎌倉でも，難攻不落といわれた小田原城でもよかったのかもしれないが，背後に丘陵や山地が控え防衛的には優れるものの人やものの移動には不便なこれらの地ではなく，広大な後背地をもつことに加え，東京湾が入り込み舟運が利用可能な江戸は，人の移動や経済活動を展開するうえでは好適地であった．

【地形面での弱点の克服】

　とはいえ武家社会である以上，都市づくりにおいて防衛的観点は重要である．家康入国当時，現在の駿河台の場所には神田山という小高い山が存在し（図 8.2），江戸城の内部が丸見えで戦略上の弱点となるこの場所へ，古くからの信頼のおける家臣団である駿河衆を早期に配置した．これが今日の地名に残されている．駿河台の杏雲堂病院の一角には，『三河物語』を執筆した旗本で戦国期から家康に仕えた大久保彦左衛門の屋敷跡がみられるのもそのためである．

　麹町の方面にも弱点がある．江戸城からみて北・東・南の方角は谷や低地があり，敵から攻め込まれた場合，攻める側が低く守る側が高いため，後者に有利である．しかし後に甲州街道が通る西側は台地が続きほぼ平坦であり地形条件では攻める

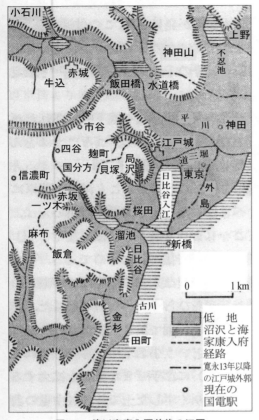

図 8.2　徳川家康入国前後の江戸
（貝塚 1979，原典は千代田区史）

図 8.3　江戸成立頃の関東の地形
（正井 1987）

側にも守る側にも差はないため，ここにも古くからの家臣であった服部半蔵が配置された．これは半蔵門という江戸城内堀の西の御門の名称に使われ，この近くの半蔵門駅という駅名やここを通る半蔵門線という地下鉄線名に反映されている．

【瀬替えと水害対策】

　江戸に城下町を築くうえで，神田川と利根川の流路を変える瀬替えという大規模な土木工事が行われた．利根川は流域面積日本一で，日本三大暴れ川といわれた河川であり，当初は東京湾に注いでいた（図 8.3）．これが江戸の城下町付近を流れることを危惧し，東遷させて千葉県銚子市から太平洋へ注ぐ現在の流路へと替えられた．それでも，利根川は広大な関東平野を形成し，多くの都民の水源として利用されるなど，今でも東京との関係は深い．

　神田川は利根川ほどの大河川ではないが，江戸城のすぐ近くを流れる点で課題があった．図 8.2 で平川と書かれた流路が自然流路としての神田川であったが，これが飯田橋付近で東遷され（図 8.2「寛永 13 年以降の江戸城外郭」が外堀で神田川），現在は隅田川に注いでいる．よくみると，飯

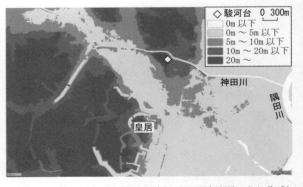

図 8.4　神田川とその周辺の地形（地理院地図により作成）

田橋付近で不自然に90度ほど流路が曲げられていることがわかる．この間，神田山がそびえているが，その小高い山を掘り，人工河川としたのが今日の神田川である．かぐや姫の名曲「神田川」の影響か，神田川にはノスタルジックで自然のイメージがあるが，実はこの神田周辺の流路は400年前の大土木工事によって造成されたものである．この区間の神田川が自然流路ではなく人工河川であることは，地理院地図の色別標高図をみても，駿河台の北側で台地を分断するように流れるその不自然な流路から直感的に理解できる（図8.4）．

2. 城下町江戸の発達
【参勤交代と都市の発達】

18世紀には100万都市であったといわれる江戸が発達した契機のひとつが，1635年に制度化された参勤交代である．全国250以上ある大名家が，家臣を引き連れて大名行列を作りながら2年に1度江戸を訪れ，1年経過したら国に帰る制度である．江戸に定住するわけではないが，入れ替わり立ち代わりで人が訪れるために武家人口が増加すると，その生活を支える町人人口も増加し，江戸の市街地は拡大した．図8.5からは，参勤交代，また後述する明暦の大火の前後に当たる1632年から1670年にかけて，ほんの38年という短期間で，江戸の市街地が急拡大している様子がわかる．江戸には全国から知識人が集まり，幕末期には学問や剣術修行のために多くの若者が参勤交代の一員として訪れるなど，地方の若者にとって憧れの地となった．

現代のように飛行機や新幹線が存在しない当時，参勤交代は基本的には徒歩で移動する．街道上の宿場町は，武士たちが休憩や食事，宿泊をするために経済的に繁盛した．これ以前は，日本の中で都市といえる都市は京都など一部に限られたが，参勤交代は各地の城下町や宿場町などにおい

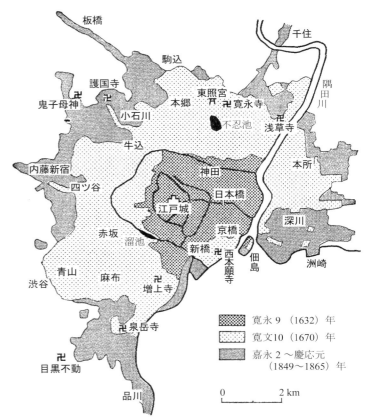

図8.5　江戸の市街地の拡大（正井 1972）

て都市の発達を促した．高等学校までの歴史の学習では，参勤交代は諸藩の財力を減らし武力の弱体化をもたらしたと学ぶこともあり，江戸幕府のために無駄遣いをしていると感じることもあるが，日本各地の都市の経済的発展という点では参勤交代は効果的な政策だったともいえる．

【「の」の字型発達説】

建築史学の内藤（1966）が示した有名な江戸の模式図が図8.6である．太線で描かれている江戸城の堀が「の」の字の形をしており，江戸城が「の」の字の順番で発達したと説明している．武士などの配置も，起点となる江戸城の正面玄関である大手門から譜代大名，外様大名，旗本・御家人，町人を配置する順番となっており，堀を閉じない形とすることで江戸城は無限に発達できたとする説である．

58

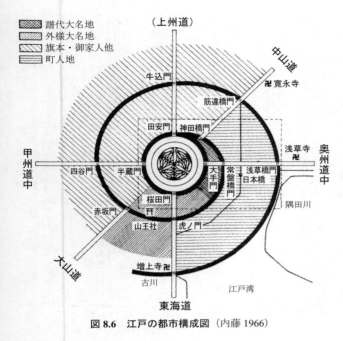

図 8.6　江戸の都市構成図（内藤 1966）

凡例：
- 譜代大名地
- 外様大名地
- 旗本・御家人他
- 町人地

　確かに結果としてできた堀や武士・町人の配置はそのような形となるが，堀が造られた順番は必ずしも「の」の字の順ではなく，最後に完成したのは四谷門付近である．武士の配置も「の」の字の通りではなく，先述の通り駿河台（図 8.6 では筋違橋門付近）の旗本は早い時期に配置された．江戸考古学では，「の」の字型の発達説は，後の時代の人間が配置だけをみて判断したものと否定するが（鈴木 1976），結果として形成された城下町江戸の構成を示したものとしてこの図はよく利用される．図 8.7 は江戸の都市空間構造を示しており，8 の 4 で詳述する．

【玉川上水の開削と新田集落】

　東京都と神奈川県の間を流れる多摩川の上流部の羽村から，江戸の入り口とされる四谷大木戸までの 43 km を，武蔵野台地の尾根という自然の傾斜を利用して開削された用水路が玉川上水である．江戸の飲み水は，当初は井之頭公園を水源とする神田川から取水した神田上水を使っていたが，参勤交代などで人口が増加するとこれが不足し，新たに開削されたのが玉川上水である．台地上にあり水が得にくく集落が発達していなかった武蔵野台地一帯が，これにより農業が盛んとなった．この時期に形成された集落を新田集落という．図 8.8 に描かれた用水路は主だったものの一部であり，実際は小さな支流も含めて武蔵野台地上は用水路が張り巡らされた．例えば世田谷区や杉並区などで緑道となっている場所を，今昔マップなどで過去の土地利用を確認すると，多くが玉川上水の支流の用水路であることがわかる．平成 29 年告示の小学校社会科の学習指導要領では，「地域の発展に尽くした先人は，様々な苦心や努力により当時の生活の向上に貢献したことを理解すること」とあり，これを開削した玉川兄弟は，江戸の発達に貢献した人物と位置づけられる．

　江戸時代の初期は，江戸の玉川上水に限らず，例えば川崎市南部の二ケ領用水，御勅使川扇状地（6 章の 1）の徳島堰など，多くの地域で用水路が開削されて農業が発達し，新田集落が形成された．8 章の 1 で触れた利根川や神田川の瀬替え，またこの用水路の開削という大規模な土木工事が近世初期に行われたのは，戦国時代に全国で城が造成され堀の開削が進められたことで，建築・土木技術が高まったためともいわれる．

　新田集落を地図上でみると，その敷地は街道に面して狭く，奥行きに長い短冊状の形状をなす．これは用水路の水を給水する都合からとされるが，宿場町では間口幅に応じて税金がかけられたことでこの形状となった．街道沿いには屋敷や屋敷林があり，その奥に畑が広がるのが一般的である．今日の東京では，短冊状の地割を分かりやすく確認できる場所も少なくなったが，地図や現地をよく観察すれば，長い路地などにその名残がみられることも多い．

　なおこの玉川上水の存在により明治期の東京の市街地縁辺部に位置した西新宿には，淀橋浄水場がおかれることとなった．戦後，都市化により市街地が西方へ拡大すると（8 章の 8），東京の中心部付近に位置することになった浄水場は東村山へ移転した．その広大な空き地には今日，超高層オ

フィスビルが林立して多くの昼間人口を抱えており，日本一の歓楽街である歌舞伎町をはじめ新宿の発展に寄与している．新宿の発展には浄水場や玉川上水が関わり，玉川上水は武蔵野台地の尾根が関わるため，今日の新宿の発展の一因は武蔵野の地形にあるともいえる．

【明暦の大火と江戸火災の背景】

　現在の太陽暦で1957年3月2日から3日にかけて江戸で発生・延焼したのが明暦の大火である．「火事と喧嘩は江戸の華」といわれるほどに当時は火災が頻発したが，死者はおよそ10万人に及び関東大震災と並び日本最大級の自然災害であるとともに，ローマ火災・ロンドン火災とともに世界三大火災ともいわれる．

　なぜ江戸では火事が頻発したのであろうか．現在と比べて建物は木造で燃えやすく，夜の明かりは電灯ではなくろうそくであった．火事が起きても消防車やスプリンクラーなどはなく井戸水などで消火するしかなく，当時は火の延焼を防ぐ手段は空地を作ることであった．さらに先述の通り参勤交代などで人口が増え，現在のように高層住宅ではないため木造平屋の宅地が密集していた．先の内藤は19世紀の町人地の人口密度を67,317人/km^{2}と推計しており，これは2014年の人口密度で上位3都市に当たるダッカ（バングラデシュ）の43,500人/km^2，ムンバイ（インド）の32,400人/km^2，カラチ（パキスタン）の23,400人/km^2（資料：Demographia World Urban Areas & Population Projections）を上

図8.7　江戸の都市空間構造
「連続市街地（武家地）」は旗本・御家人屋敷，Aは江戸城，Bは日本橋．
（正井 2000）

凡例：
連続市街地（武家地）
町屋
御三家
大名上屋敷
大名中屋敷
大名下屋敷
寺（寺町）
神社
台地崖線（主なもの）

0　　　　　5 km

回る．

　明暦の大火は，乾燥する3月に強風が吹く中，小石川の伝通院，本妙寺，麹町の3か所で出火した複合火災であり，江戸の中心部を焼き尽くし，川幅が100mを超える隅田川をも越えた（図8.9）．これにより江戸城の天守閣が焼失し，以降再建されることはなかった．

　その後，火の延焼を防ぐために，江戸の市街地には火除地という広場が設けられた．その分布を図8.9でみると，江戸城の北側で帯状に広がって

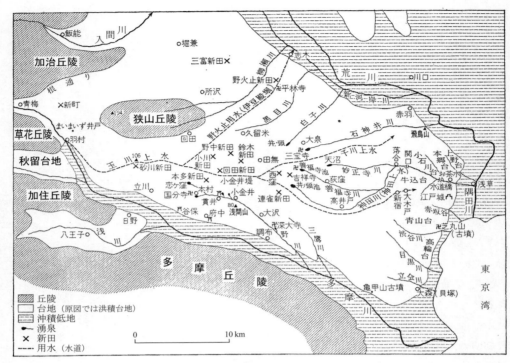

図 8.8　玉川上水と武蔵野台地（日本地誌研究所 1967）

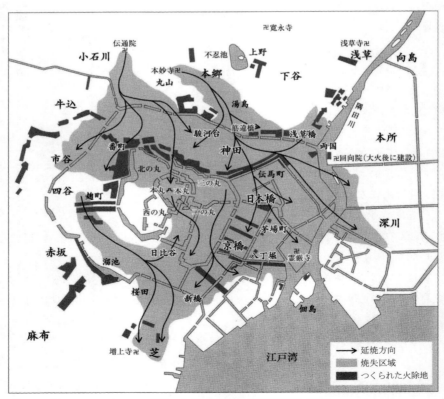

図 8.9　明暦の大火と火除地（青春出版社 2003）

おり，江戸城を守る意図が働いていることが読める．また密集した建物を分散するため，大名屋敷や寺社，寺社の門前町などが郊外へと移転させられた．これによって江戸の中心部の家屋や人口の密集は緩和されたが，江戸の市街地はいっそう拡大した（図8.5）．

3. リサイクル社会と盛り場

【屎尿のリサイクルと地理的背景】

　100万都市といわれた江戸では多くのものが消費され，ごみも排出されたが，江戸はリサイクルが充実した都市であった．不要になったものは業者が買い取り他の人が購入して使用し，壊れたものを修理する業者もいて再利用された．屎尿でさえも近郊の農家が買い取って肥料として使用した．江戸の早朝には空の天秤棒を担いだ人が多くみられ，江戸のまち中は微妙な匂いが漂っていたとも考えられるが，その分，人の排泄物が清潔に処理されていた．

　当時，ヨーロッパの諸都市でも屎尿の処理は課題であり，現在では考えられないことだが，2階の窓からこれを投棄する出来事が頻発した．パリなどでもこれが横行し，パリ市当局も当初はこれを禁止したが止めることができず，せめて人通りが減る日没後にするように指示を出すこととなった．図8.10は，用を足した後の病人の便器を2階から投棄するために日没を待つ様子を描いている．今日，例えば男女が街路を歩く際に男性が車

図8.10　日没後に屎尿投棄を目論む16世紀末頃のパリの人びと（鯖田 1988）

道側を歩くエチケットが存在するが，当時のヨーロッパでは建物から投棄される汚物から女性を守るために，男性が建物側を歩いたという．また，今日でも多くの女性が履くハイヒールもこの時に誕生した．屎尿が投棄されるだけでなく，当時は今よりも下水施設や治水対策が脆弱であったために頻繁に市街地が水浸しになると，街路一面が汚れることとなった．そこで，できるだけ地面の接地面が小さい靴が開発され，当初は男性も履いていた．下水や治水の施設が整うとこの靴は不要となったが，足が細く長くみえるという副産物により，機能的というよりは美的な意味で女性を中心に使われることとなった．

　なぜ当時のヨーロッパの都市では，江戸のように人の屎尿を肥料として処理しなかったのであろうか．ヨーロッパでは主に家畜の糞を肥料に使っていたため（有薗 2018），人糞はそれほど必要とされなかったという．ヨーロッパの農業は，混合農業も含めて酪農が盛んであり，その結果，乳製品であるチーズを使ったパスタやピザ，豚肉を使ったソーセージなどの食文化が定着している．このように，屎尿を2階の窓から投棄するといった突飛な出来事も地理的背景が関わる．「なぜ」と原因を深堀していくと，中学や高等学校で学ぶ地理の知識につながる場合も多く，中等教育段階での学びが汎用的であることを思わせる．

【火除地の盛り場化】

　頻発する火災の延焼を防ぐ目的で設けられた火除地だが，交通の要衝に位置した両国や上野の広小路には自然と人が集まり，見世物小屋や屋台が立ち，子どもたちが相撲をとるなど遊び場にもなり盛り場化した．その中でも両国は江戸最大の盛り場といわれた．明暦の大火の際，当時は両国橋が架かっていなかったことで，逃げ場を失って多くの人が亡くなった．それらの人たちを供養するために開設されたのが回向院（図8.9）であり，ここで行われた勧進相撲が今日の大相撲の起源とされる．明暦の大火後，両国には橋が架かったが，

図 8.11　江戸の見世物小屋における客引きの様子
（棚橋・村田 2004）.

図 8.12　英国人画家が描いた江戸末期の盛り場の様子
（双葉社 2010．原典は神奈川県立歴史博物館蔵）

当時は木造であったために燃えやすく，火災の際にも火が燃え移らないように橋のたもとには広い火除地が設けられた．広いスペースの存在が，江戸最大の盛り場を成立させたともいえる．

　盛り場の屋台には様々な種類があり，例えば天ぷらや4文一律の商品を並べるといった今の百円均一ショップに通じるものもあった．イカ焼きなど今日と変わらない商品もあり，縁日や祭りなどでみられる屋台が日本文化を継承していることを思わせる．江戸に屋台が多かったことも火事と関わる．火事が起きた際には，延焼を防ぐために鳶が建物を壊して急造の空地を作る．火事はいつ起きるかわからないため，常に満腹にはできず，つまみ食いのように屋台で食事をとる習慣が定着したという．また火災が頻発するためヨーロッパのように家具など屋内のものに金をかけても焼けてしまうため，宵越しの金をもたない，気風よく金を使う江戸っ子気質が生まれたという．

　見世物小屋にも多様な種類があり，例えば「さあ，世にも珍しい大きなアナゴをみたくないかい」

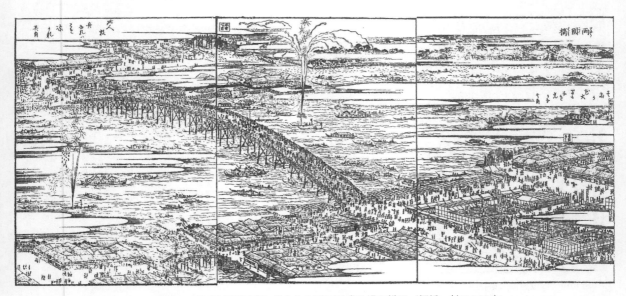

図 8.13　江戸名所図会に描かれた両国の盛り場の様子（棚橋・村田 2004）

といって客引きすると（図 8.11），大きな穴（アナ）の中に女子（オナゴ）の人形がおいてある，というようなインチキものやグロテスクもの，蛇づかいものなど様々であったが，当時の江戸庶民はこれらに対して寛容であったという．

　火除地は文字通り火の延焼を防ぐためのものであり，屋台などは火事の際には邪魔になるばかりか火の延焼を助長しうるために当初は禁じられたが，このような民衆のエネルギーは，しばし為政者の意図を越えて場所に賑わいをもたらし盛り場化させた（牛垣 2015）．図 8.12 は，江戸末期に日本を訪れた西洋人によって描かれた横浜の盛り場の様子である．絵の下には英語で説明がある．長らく鎖国をしていた日本は，諸外国の人びとにとっては興味関心の的であり，その風俗は手記や写真，絵画などに残された．この絵画からは，当時の欧米諸国と比べて経済力では劣るために身なりはみすぼらしく，裸とふんどし姿で踊る様子は野蛮に映ったかもしれないが，それでも表情が豊かである点が印象的であり，当時の欧米人の日本に対する眼差しが反映されている．当時の外国人は，日本は後進国でありながら識字率が高く勤勉で，兄姉は弟妹の面倒をよくみることに感心している．

　両国は江戸随一の盛り場となり，その様子は十返舎一九の「江戸名所図会」などにも描かれている（図 8.13）．橋とそのたもとは多くの人で賑わい，隅田川には多くの屋形船が浮かび，打ち上げ花火があがっている．今日でも東京の夏の風物詩である隅田川の花火大会が日本における打ち上げ花火の起源とされており，これを屋形船で眺めるのが江戸の粋な遊びであった．

4. 封建都市から近代都市への変化
【封建社会から近代社会へ】

　明治維新を迎え，日本はそれ以前の封建社会から近代社会へと大きく変わっていく．明治維新によって一気に変わるわけではないが，これを転機

として政治体制としては民主主義，経済システムとしては資本主義へと変わっていく．近代社会には，自由，平等，競争の原理が根底にある．今日，我々にはどのような職業を望むかは自由であり，家庭の経済状況や家柄等によって完全に平等ではないが，あらゆる職業に就く可能性はほぼ全ての人に開けている．職業選択の自由がある程度保証されている点で平等であり，だからこそ人気の職業には希望者が集まるために競争は激しくなる．自由と競争は表裏一体の関係にある．現代では当たり前のことが，封建社会ではこれが全く異なっていた．職業は基本的には世襲であり，武士で能力があっても重役に取り立てられるようなことは，幕末の動乱期を除けば例外的であり，基本的には父親の仕事を踏襲した．そこには職業選択の自由はなく，不平等ではあるが，競争も生じないという点では気楽だったかもしれない．このように社会の根底が変わる大きな転機が明治維新といえる．

【体面づくりとしての銀座煉瓦街計画】

　1872（明治 5）年に銀座で大火が発生し（5 章の 2），その復興として，鉄道の起点であった新橋や当時居留地がおかれた築地に近い銀座で，西洋風の不燃化都市を目指したのが銀座煉瓦街計画である．西洋風の街並みは，ガス灯の建設や鹿鳴館などでのダンスパーティー，洋服や洋食の普及など，日本が西洋の文化を取り入れる文明開化の文脈の中で建設された．大火の翌年に銀座の煉瓦街が完成するが，政府肝入りで行われた事業でテナント賃料も高かったことに加えて，高温の夏に湿度が高い日本では，通気性の悪い煉瓦造りの建物は買い手がつかないこともあった．風土に合った建物の素材・構造でないにもかかわらず，煉瓦街計画が進められた背景には，江戸末期に 5 か国と結んだ通商修好条約があった．関税自主権の喪失と治外法権を認めるこの不平等条約を一刻も早く改正するために，富国強兵・殖産興業のスローガンの下に国造りが行われるが，見た目の面でも西洋人から日本が野蛮な国とみられないために，

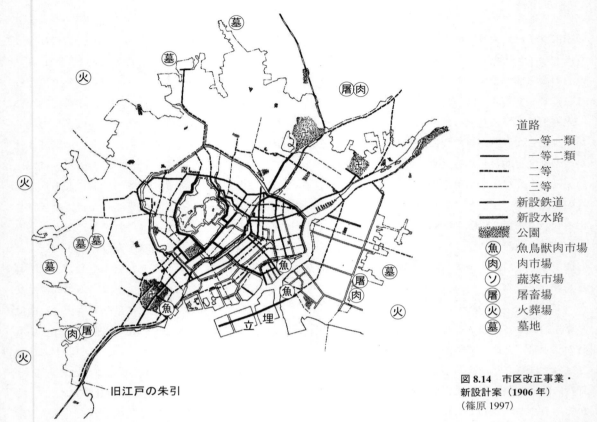

図 8.14　市区改正事業・
新設計案（1906 年）
（篠原 1997）

道路
　　一等一類
　　一等二類
　　二等
　　三等
　　新設鉄道
　　新設水路
⬚⬚　公園
㋒　魚鳥獣肉市場
㋖　肉市場
㋛　蔬菜市場
㋕　屠畜場
㋙　火葬場
㋘　墓地

旧江戸の朱引

対面を取り繕う必要があった.

【市区改正事業による道路整備】

　銀座煉瓦街計画はごく限られた地区を対象とし
たが，広範囲にわたる本格的な近代都市計画とし
て東京および日本で初となったのは，1903（明治
36）年に計画が確定した市区改正事業である（図
8.14）. これにより上水道，魚・肉などの市場，屠
畜場，火葬場，墓地が整備されるが，最も重要な
のは幹線道路を指定して道路を拡幅・直線化する
ことにあり，「道路橋梁及河川は本なり，水道家
屋下水は末なり」と表現された. その幹線道路に
は路面電車が敷かれることとなり（図8.15），それ
以前は徒歩であった人びとの都市内での移動が格
段に速くなった. これが大正・昭和初期に百貨店
が増え，例えば銀座をぶらつく「銀ブラ」のため
に人が集まることを可能にする装置となった. ま
た道路の拡幅・直線化の過程で，江戸城の出入り
を見張る見附，そこに設けられた防衛施設である

枡形（図 8.16）や，江戸の市中に存在し特に夜間
の人の出入りを管理していた木戸も撤去された.

　武家社会であった近世（江戸時代）の都市づく
りは，天守閣や堀を築き，道路は先を見通せない
ように鍵状に曲げて遠見遮断をするなど，城や大
名を守る防衛の観点で行われた. 近代社会ではそ
の観点はなくなり，経済・交通・生活といった面
での合理性の観点から都市がつくられるように
なった. 抽象的な表現を用いるならば，防衛や治
安を重視しキャベツのように（藤森1982）「閉じ
た」近世都市の構造から，近代都市は公共交通機
関や人，ものの行き来が活発となる「開いた」構
造へと変わった.

　図 8.17 は明治 10 年代と現代の地図であり，皇
居（江戸城）の内堀の神田橋付近を例として，東
京における市区改正事業以前と今日にかけての変
化の様子がみられる. コの字の枡形がみえ，内堀
の内側から外側（図中の上方）へ移動するには，

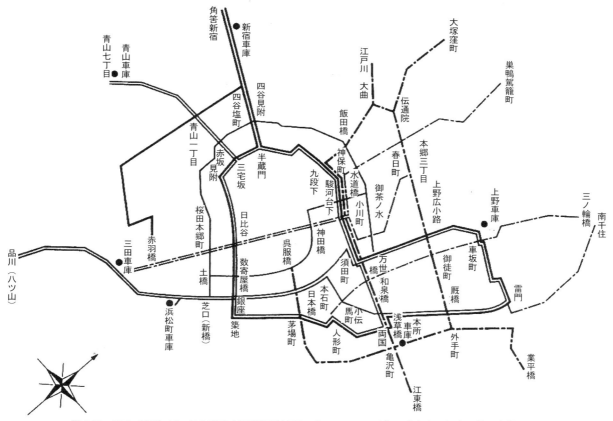

図 8.15　1911（明治 44）年の東京市電運転系統図（初田 2004，原典は『東京百年史　第三巻』）

図 8.16　皇居（江戸城）の田安門に残る桝形門
（2010 年 9 月撮影）

何度も 90 度方向転換する必要があり，路面電車を通すためにも市区改正事業によって太く直線の道路に変わった．江戸城の内堀・外堀には多くの見附・桝形があり，江戸城三十六見附とも呼ばれ

たが，この事業によってほとんどが撤去され，現在も桝形門として残っているのは田安門（図 8.16）や桜田門など一部である．これは都市における防衛機能の喪失，都市を防衛する必要がなくなったこと，都市の役割が変わったことを意味する．

【道路の近代化と盛り場の喪失】

　幹線道路として拡幅・直線化された道路には，明治後期から大正期にかけて路面電車が開通し，さらに高度経済成長期には自動車が普及して道路の主役となり，路面電車は地下鉄に代わった．江戸時代は道路の主役は人であり，8 章の 3 でみたように両国をはじめ交通の要衝は盛り場化したが，交通という観点で合理化する近代都市計画によって，今日までに路上の賑わいは消失した（図 8.18）．都市空間の近代化は，空間が果たすべき機能を明確にしてその機能を合理化するものであ

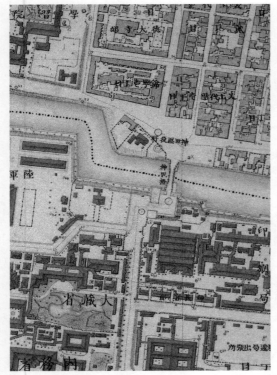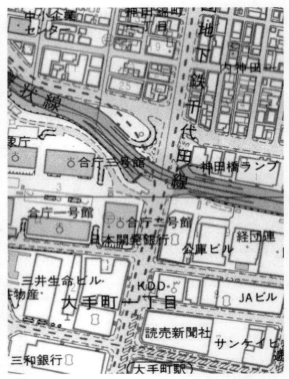

図 8.17　市区改正事業前と現代の神田橋周辺
左：「五千分一東京図測量原図」（1883 年，76％縮小）
右：一万分一地形図「日本橋」（1999 年，152％拡大）

り，空間の機能は限定される性質をもつ（桑子2005，牛垣2015）．近代化に伴い，道路を使う人やものは早く安全に移動・運搬することが可能になったが，路上の賑わいという副産物は失うこととなった．

ただし図 8.12・同 13 のような盛り場の賑わい

図 8.18　江戸最大の盛り場だった両国橋西詰の
近年の様子（2006 年 1 月撮影）

の喪失には，銀座煉瓦街計画と同様に西洋諸国の眼差しを意識した対面づくりとして，1872（明治5）年に違式詿違条例が制定されたことも関わる．これは，「男女混浴，相撲・蛇遣いそのた醜態を見世物に出すことの禁止」するものである．国家権力によって盛り場に集う民衆の自由は否定され，以後，ショッピングセンターなどが増える今日に至るまで，消費や娯楽の空間は，清潔という記号が支配する秩序体系へと転換したとの見方もある（石塚1991）．

【関東大震災と帝都復興土地区画整理事業】

1923 年 9 月 1 日に発生した関東大震災は，昼時であったこともあり広範囲で火災が広がり，8章の 2 で触れた明暦の大火と並んで災害として国内最大規模の被害をもたらした．自然災害や戦災により市街地が焦土化することは痛ましい出来事ではあるが，土地の権利意識が強い日本における

都市計画の観点では，大規模な土地区画整理事業を行う千載一遇のチャンスでもあった．日本の都市は街並みが不統一で，ヨーロッパの都市のような都市計画が行われなかったともいわれるが，帝都復興事業は数少ない大規模都市計画の事例ともいえる．後藤新平が中心となり作られた計画は財政難の中では大風呂敷と批判され，予算は半額以下に減額されたが，関東大震災によって焦土化したほぼ全域で区画整理が実施された（図8.19）．

土地区画整理事業とは，文字通り土地の区画を整理する事業である．例えば道路が斜めに入り街区が三角形になると，その中で四角形の建物を建てるために建築面積が小さくなり無駄なスペースが生じるなど，土地を有効利用できない（図8.20）．行き止まりや細街路では今日でも消防車が侵入できないために，火災の鎮火に時間を要するなど，区画整理の未実施地区は火災危険度が高い（8章

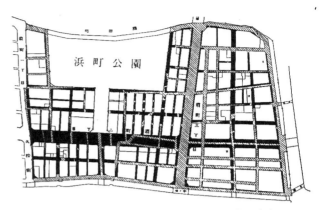

図 8.20　日本橋浜町における帝都復興区画整理事業
塗り潰しは新設道路を意味する．（越沢 1991）

の 8）．

土地区画整理事業では，道路が拡幅されてその面積が増えるために，土地所有者は1割から2割程度所有する土地を提供することで自身の面積は狭くなる減歩を迫られる．土地所有者は損をするように思えるが，土地区画整理事業によって災害に強く土地の経済的価値も高まることで，土地所有者の理解を得るというのがこの事業の基本的な考え方である．ただし先祖から引き継がれた土地を守る意識が強い日本では，立ち退きや減歩への理解が得にくく，この事業には困難が伴う．

5．鉄道網と都市の発達・都市構造との関係
【養蚕地域と貿易港をつなげる】

鉄道網の形成は都市の発達を大きく規定する．関東で最初に鉄道が開通したのは1章の1でもみた新橋 - 横浜間であるが，次の年代には小田原から山手線の西側のルートを通り大宮を経て，高崎方面や宇都宮方面へ至る路線が早期に開通している（図8.21）．ペリーの黒船来航以降，日米和親条約によって鎖国が解かれ，5か国との修好通商条約締結以降，諸外国との貿易も開始された．すでに産業革命として工業化が進んだ西洋に対する数少ない輸出品が生糸や織物であった．官営の富岡製糸場がおかれた群馬県や栃木県，埼玉県は国

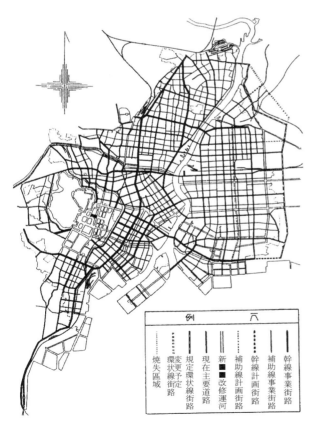

図 8.19　帝都復興都市計画図（越沢 1991）

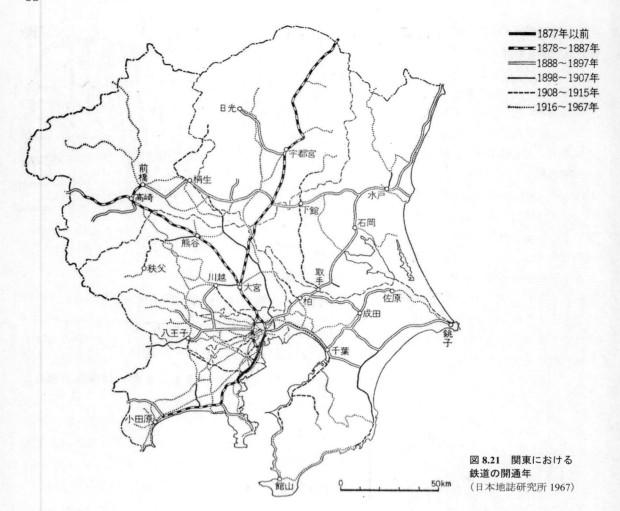

図 **8.21** 関東における
鉄道の開通年
（日本地誌研究所 1967）

凡例：
1877年以前
1878〜1887年
1888〜1897年
1898〜1907年
1908〜1915年
1916〜1967年

0　　　　　50km

内屈指の養蚕・製糸業が盛んな地域であり，これらの地域と日本一の貿易港であった横浜港をいち早く結びつける必要があった．

　上記路線が早くから関東地方において人流の動線となったことは，今日の鉄道交通事情にも反映されている．横浜から高崎や宇都宮方面には，上野東京ラインや湘南新宿ラインが通り，在来線でも乗り換え不要で2時間半弱で行き来できる．例えば直線距離ではより近い甲府駅へは，横浜駅から3時間強かかることとは対照的である．また埼玉県ではこのような東京との結びつきが強い歴史的背景もあり（川越については5章を参照），今日でも県内の東西方向の移動は難しいといった県内交通事情をもたらしている．

【交通システムとして歪な山手線の役割】

　鉄道網は交通システムとしての合理性の観点のほか，社会状況に応じて敷設される側面がある．首都である東京は後者の側面が強く，その結果として形成された交通網は歪な形となる場合があり，その代表的な事例として山手線があげられる．

　山手線は環状鉄道であり，環状線は都市化と市街地の拡大が進んだ大都市ほど必要とされる．大都市では事務所や商業など様々な機能が都心部へ集積し地価が高騰するが，環状鉄道が都心を取り巻くように敷設されれば，郊外へ伸びる鉄道と交差する利便性の高い駅が4か所でき，これらが副都心として都心機能を分散させるための受け皿となり得る（図8.22）．国内第2位の都市・大阪のほか，

大都市環状鉄道の標準モデル　　　20世紀初期（1903）　　　山手線環状運転開始当時（1925）

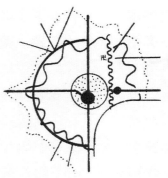

放射線のターミナルは都
心周辺立地．市街地周辺
の放射線を結ぶ環状線．

山手線は半環状の
都心バイパス路線

江戸市街地の西半分周辺のサービスのみ．
大江戸中心部は縦貫鉄道の利用．当時の
東京市街地の東半分は市電依存型

図 8.22　山手線の敷設過程と大都市環状鉄道のモデル（正井 2001 に加筆）

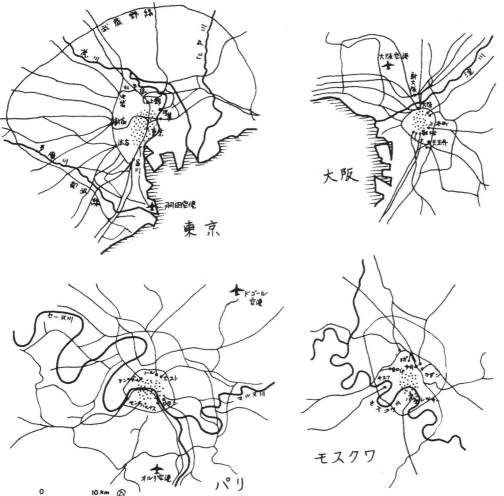

図 8.23　環状線
含む主要鉄道網
（正井 1987）

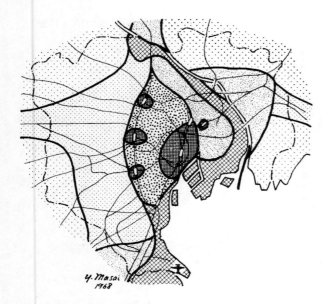

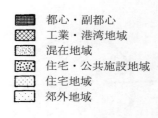

都心・副都心
工業・港湾地域
混在地域
住宅・公共施設地域
住宅地域
郊外地域

図 8.24　土地利用からみた
東京 23 区の地域区分（1960 年）
（正井 2000）

パリやモスクワなど世界の都市も環状線が都心部
を囲むように通っている（図 8.23）．一方，山手
線は都心部を取り巻く形ではなく，その東側は都
心部を分断する形で通っている．これにより東京
の都心部は，山手線を境に東は銀座や日本橋，西
は大手町や丸の内などに分断されている．山手線
がカバーするのは大都市東京の西側のみとなり，
実質的な機能は西郊からの通勤者を都心部へ運ぶ

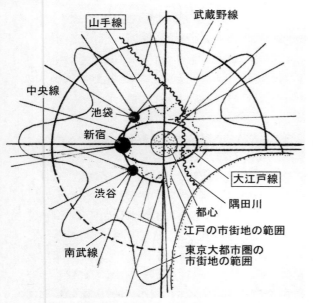

図 8.25　大江戸線と主な東京大都市圏の鉄道網
の模式図（正井 2001 に加筆）

役割となり，都心機能分散の役割は限定的である．
　東京区部の都市構造は，かつて隅田川以東は工
場が多く下町と，逆に山手線以西は住宅地が広が
り山手といわれたように，バージェスが示すよう
な同心円構造ではなかった（図 8.24）．また中心
地の分布をみても，西側には渋谷・新宿・池袋と
いった広い商圏をもつ中心地が存在するのに対し
て，下町の中心地は上野や錦糸町など限定的であ
る．このような東京区部の東西のコントラストは，
区部の東側に環状線が通っていない歪な交通シス
テムが影響しているとも考えられる．
　山手線のほかに東京都心部の環状鉄道として位
置づけられるのが，2000 年に全線が開通した都
営大江戸線である．地図上で鉄道の模式図をみる
と（図 8.25），大江戸線は東京の都心部を取り巻
くように配置され環状線としては理想的な形では
あるが，遅い年代に開通したために地下鉄のホー
ムも地下深くにあって不便であり，首都東京の環
状鉄道の役割を果たしているとはいえない．
　東京大都市圏には，このほかにも郊外の環状鉄
道として武蔵野線や南武線が存在する（図 8.25）．
武蔵野線の始発駅である府中本町には，「東京行」
や「海浜幕張行」の列車がやってくる．図 8.25
のような地図を脳内地図（メンタルマップ）で描

けている場合は違和感ないが，これがなければ東京大都市圏西郊の府中本町に，東郊ではるかに遠い海浜幕張行がくることに違和感をもつかもしれない．日常生活でそのような違和感をもたないためにも，常に事象を空間的にとらえて脳内地図を鍛えていきたい．

【私鉄の郊外鉄道と市街地の拡大】

　東京大都市圏における市街地の拡大（都市化）は，渋谷・新宿・池袋・上野といったターミナル駅から郊外へ伸びる私鉄の開通の影響が大きい．関東大震災で下町が甚大な被害を受けた影響もあり，下町から山手へ移り住む人も多く，特に山手線以西の郊外は住宅地が拡大した．

　東京の私鉄会社による郊外開発は，関西において阪急電鉄の小林一三が行った手法が参考とされた．例えば渋沢栄一も開発に携わった東急東横線は，沿線に田園調布という高級住宅地を造り，日吉には慶應義塾大学を誘致するなどにより沿線のブランドイメージを高めた．田園調布では，宅地の敷地を細分化することを地区計画で禁じるなど，高級住宅地としての質を保ち続ける仕組みがある．近年，人々のレジャー活動は多様化しつつあるが，少し前までは，これらの私鉄沿線の住民は，週末には家族で沿線の遊園地や野球場でのレジャーや観戦，百貨店やそのレストランでの買い物や食事，平日は電車に乗って都心部へ通勤といった，小林一三のビジネスモデルがもたらした「郊外型ライフスタイル」を送っていた．

　また私鉄会社によって，沿線付近の電気の供給なども行われた．例えば京王電鉄は，調布町や府中町といった沿線のみならず，小金井・小平・田無・大泉といった沿線から離れた住宅地にも電気を供給した．これにより，沿線の人々は電気を使った近代的な生活を送ることができた．

6. 土地利用の変化（近世・近代・現代）

【江戸の空間構造と大名屋敷跡地の利用】

　近世から近現代にかけての江戸・東京の土地利用の変化を把握するために，まずは図8.7から江戸の都市空間の構造をみると，政治的中心としてAの江戸城，経済的中心としてBの日本橋がある．政治的中心である江戸城を中心にその付近には諸大名の上屋敷，その外側に中屋敷，郊外に下屋敷が分布する同心円構造となっている．上屋敷は大名やその家族が居住し江戸における藩の政治機構がおかれ，中屋敷は隠居した藩主などの屋敷，下屋敷は別邸としての役割が多く，隠居した藩主がここを拠点として鷹狩を楽しんだともいわれる．経済的中心機能は，五街道の起点となる日本橋を中心に東海道，中山道，水戸街道，甲州街道などが伸び，それらの街道沿いに町屋・町人地が形成される放射状構造となっている．

【都市構造に影響を与える大名屋敷】

　明治期以降に封建都市から近代都市へと変わる中で最も土地利用に変化をもたらしたのは大名屋敷である．廃藩置県によって藩や藩主が制度上なくなって名実ともに大名屋敷は不要となり，官公庁，軍事施設，公園や学校など，広い敷地を要する用途に使用された．例えば，今日では政治機能が集まる永田町や国の行政機能が集まる霞が関は大名屋敷が集積していた（図8.26）．本郷の東京大学のキャンパスは加賀藩前田家の大名屋敷であった．戦前の軍事施設は，戦後は自衛隊など一部を除いて不要であり別の用途となった．8章の9で述べる通り，いわゆる「2003年問題」以降，東京の都心部では六本木ヒルズや東京ミッドタウンのような大規模再開発ビルの建設が相次ぐが，その多くはかつて大名屋敷として使われた場所である．平日夜のテレビ朝日系「報道ステーション」のお天気コーナーで，「毛利庭園より中継です」というアナウンスが入るのも，テレビ朝日が入る六本木ヒルズが毛利家の大名屋敷の跡地であることを示している．

　大規模な建物は入居するオフィス，店舗，文化施設，住居といった機能も多いため，都市に大きな影響をもたらす．東京の都市内部構造に大きな

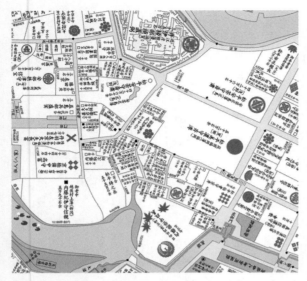

**図8.26　江戸時代（上）と現代（下）の
永田町・霞ヶ関の土地利用**

上図の家紋や■などはいずれも大名屋敷.
（エーピーピーカンパニー『江戸明治東京重地図』）

変化をもたらすのは，以前に大名屋敷であった場所ともいえよう．そうであれば，かつての大名屋敷の存在が東京の都市空間の特徴であり，これを必要とした参勤交代の制度化は，今日の東京の大規模再開発や都市構造，また東京一極集中にもつながる大きな出来事であったといえよう.

【機能的変化が小さい旗本・御家人屋敷と町人地】

一方，図8.7中の旗本・御家人といった徳川家

に仕え常に江戸にいる武士の居住地は市街地に広がっているが，これは明治以降，新政府に仕える役人などの戸建て住宅として継承された．また商人にとっては明治維新で生活が変わることはないため，町屋・町人地もそのまま継承された．いずれも機能としては住宅地や商業地のままであり，江戸から近代東京にかけての土地利用の質的変化は小さい.

江戸から近代東京でみられる上記の土地利用の変化は，東京以外の都市でも傾向は似ている．天守閣の近くには各藩の重役が居住しその敷地は比較的広いため，明治期以降は官公庁，軍事施設や学校などがおかれ，軍事施設を中心に時代とともに土地利用も変化している.

7. 戦後の都市計画
【縮小された戦災復興計画】

東京大空襲によって壊滅的な被害を被った市街地に対して，戦災復興のための土地区画整理事業が計画された．概ね被災地区にあたる当時の市街地のうち，帝都復興事業で区画整理を終えた区域を除く範囲が対象地区として計画されたが，財政難から計画は縮小され，山手線など一部の鉄道駅の周辺が実施されるのみとなった（図8.27）．この際に対象外となった地区の多くは今日もなお土地区画整理が未実施のため，路地が入り組むなど不整形な街区であり，建物の建て替えが進まず木造家屋が密集して火災に弱い地区が広がる．かつては料亭街，今日は魅力的な飲食店が集まる神楽坂など，路地のもつ風情が人気のまちも存在するが，防災との両立が課題である（図8.31）.

【東京オリンピックと都市改造】

1964年に開催された東京オリンピックは，東京が改造される大きなきっかけとなった．『経済白書』の序文に「もはや戦後ではない」と書かれた1956（昭和31）年の8年後に開催されたこの大会は，日本や東京にとっては，敗戦国からの復興を世界へアピールするまたとない機会であっ

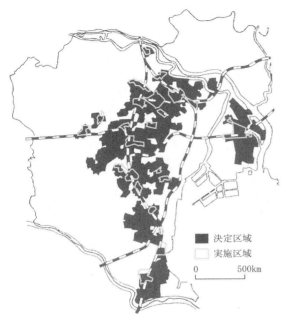

図8.27　東京戦災復興のための区画整理事業の決定区域と実施区域（篠原1997に加筆）

■ 決定区域
□ 実施区域

0　　　　500km

図8.28　昭和初期（上）と現代（下）の日本橋の景観
上：博文館編集部（1990）.
下：2012年6月撮影.

た．この時期のテレビの普及がこれを後押しした．この際に今日の首都高速道路や国道246号線（青山通り）などの幹線道路が整備され，今日の大都市東京の骨格が形成された．

　一方，急速なインフラ整備は景観問題などの代償をもたらした．例えばかつては経済活動の中心であり景観美としても優れた日本橋では，この下を流れる日本橋川の上空に首都高速道路が通ることで，日本橋の上空にこれが通ることとなり，その景観美は喪失した（図8.28）．土地所有の権利は上空にも及ぶため，宅地の上空を通すと費用や時間がかかるが，国の省庁の管轄下にある一級河川の上空であれば早期の開発が可能であった．近年ではこの高速道路の老朽化により，事業費3,200億円（2018年段階）をかけて地下化する取り組みが進められている．

　高速道路の建設といった開発行為と景観保全といった文化的側面を両立させるのは難しく，どちらを優先するべきかは地域や時代によって異なるが，これについてアメリカの歴史学者が以下の考

えを示している．「あらゆる社会の第一の目標は，基本的な人間の要求—食料，すみか，健康，教育—を満たすことでなくてはならず，これらの要求が満たされるまで，経済効率を高めることを最優先しなければならない．しかし，これらの要求が満たされたら，個人的，社会的，エコロジー上の代償を払ってまで経済効率を最優先させつづけるべきであろうか」（スタヴリアーノス1991）．

　首都高速道路が建設された当時は，戦後復興や東京オリンピックのために必要に迫られており，日本橋の上を高速道路が通る現在の景観は，いち早く戦災からの復興を果たした痕跡とも解釈できる．ただし，基本的な人間の要求を多くの人が満たしている今日の日本では，景観を重視するべきという考え方もできる．一方で地理的観点からは，江戸時代に歌川広重がその風光明媚な風景を『名所江戸百景』に描いた頃とは異なり，今日の日本橋は東京における経済活動の中心ではないため，

多額の税金をかけてその景観を整備することに対して批判的な見方もできる.

8. 都市化と都市機能の集積・分散

【景観と生活様式の都市化】

　市街地の空間的な拡大を都市化とすると，東京では戦前から生じている．図8.29からは，当時の都市的地域の西端に位置する新宿西方の甲州街道沿いの集落について，都市（新宿）に近い集落ほど，景観と居住状態が都市化する様子がみられる．集落からすると，東京方面から都

市化が押し寄せてくる感覚であろう.

　新町には建物が2階建てと高度利用され，電線があり電気を使った近代的な生活を送っている様子が伺える．自動車がみられ，これが利用できる富裕層が行き来する地域とも解釈できる．小田内（1918）では「新宿停車場より約五丁の淀橋新町は街道に沿ひて商業街区の発達せる事東京の如く」と解説している．その西方の幡ヶ谷では遠方に工場がみられ，「幡ヶ谷停留所付近は新町ほど密集せざるもかく街道沿に小商業区を見る」と解説している．さらに西方の笹塚と萩久保は「京王電気株式会社の所在地たる笹塚に於いては上図の如く街道に沿へる農家の宅地前に乾物屋氷店など出来たれども代田橋停留所に近き萩久保に至れば全く農村的にして宅地広く屋敷林生垣など見らる」と解説している．かつての武蔵野台地は萩久保にみられるようにうっそうとした高木が生い茂っており，これが徐々に都市的な景観と生活様式に変わっていく様子が描かれている.

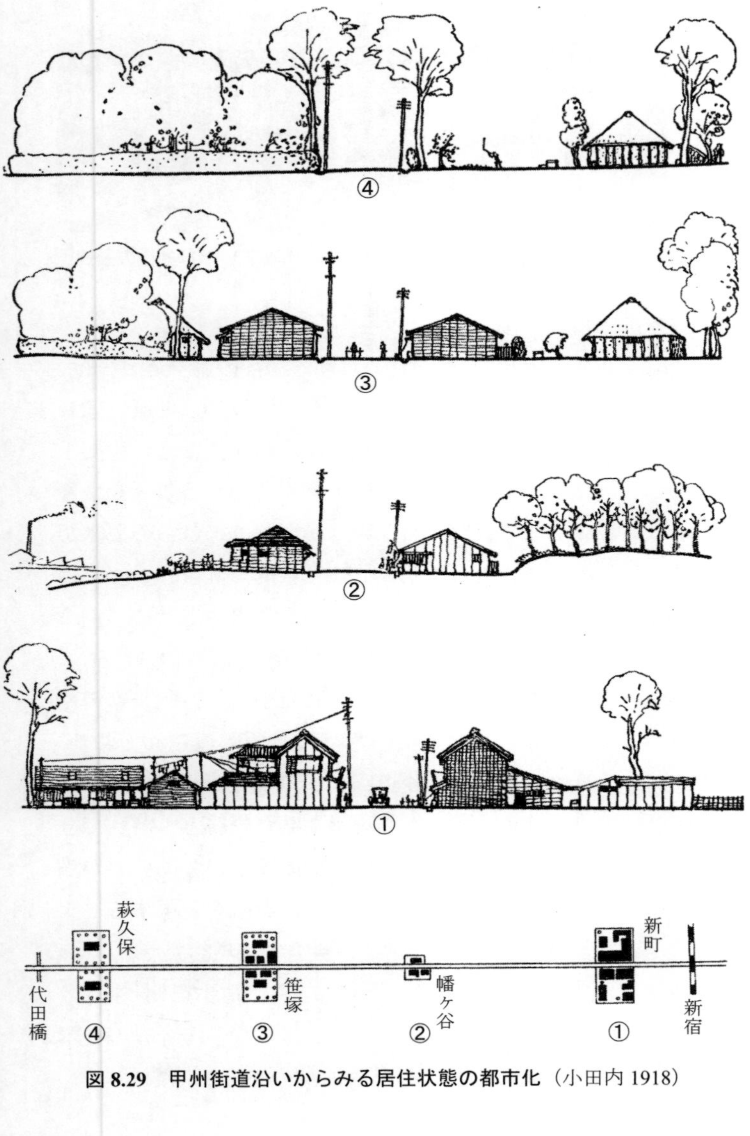

【スプロールと木造住宅密集地区の形成】

　戦後，特に高度経済成長期にかけて，東京の都市的地域は拡大する．図8.30をみると，8章の2でみた参勤交代に伴う江戸の拡大と比べても，1914〜45年と1945〜86年という戦前・戦後の工業化の時期に市街地が拡大している様子がわかる．市街地の拡大が無計画で急速に進行した地域では，農地，宅地や工場が無秩序に混在するスプロール現象がみられる場合もある．家庭排水により農業用水の水質を悪化させる一方で，肥料による悪臭や工場での騒音等が生活に悪影響をもたらすなど，異なる用途の混在は様々な問題をもた

図8.29　甲州街道沿いからみる居住状態の都市化（小田内 1918）

らす.

　さらにこの地帯では，土地区画整理（8章の4）を実施する前に自然発生的に宅地化が進んだため，狭く不整形な路地に木造住宅が密集するいわゆる「木密」地区が残る場合も多く，荒川沿岸や環状7号線の付近には地震の際の危険度が高い地帯が広がる（図8.31）. 木密地区にみられる4mに満たない細街路に面する建物は，建築基準法の規定により建て替えの際には道路の中心線から2m以上セットバックして行う必要がある. 元々狭い面積がさらに狭まることや高齢者が多いことから建て替えが進まず，古い木造建築が残り火災や地震に弱い市街地となりやすい.

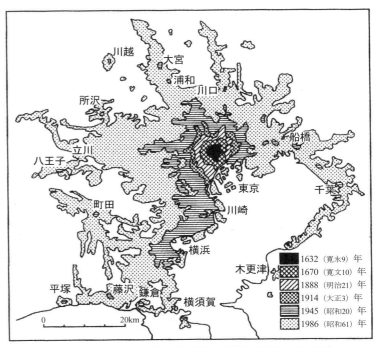

図8.30　東京大都市圏における市街地の拡大（林 1991）

【実現しなかったグリーンベルト，理念と異なるニュータウン】

　急速で無秩序な市街地の拡大（スプロール）がみられる東京でも，1956年の第一次首都圏整備基本計画においては，イギリスの大ロンドン計画にならって市街地を近郊地帯（グリーンベルト）で囲み開発を規制する計画であったが（図8.32），この地帯に位置する自治体による猛反発により実現することはなかった.

　大ロンドン計画は，ロンドンの市街地周辺に開発を規制するグリーンベルトを設けて市街地の拡大を防ぐとともに，グリーンベルトの外側に，工場，住宅，商業施設を設けて独立・自立することを理念とするニュータウンを複数建設するものである. グリーンベルトが実現しなかった東京のニュータウンは，市街地が続くその郊外に建設され，居住者の多くは都心部へ通勤するベッドタウンであり，大ロンドン計画のそれとは理念が異なる.

【都市圏の概念と都市機能の立地特性】

　都市圏とは，中心都市との関係圏を意味する. 東京の都市的地域は，形式地域としての東京都の行政界を越えて広がり，隣接する埼玉県，千葉

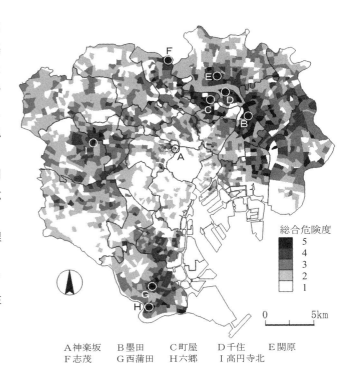

A神楽坂　　B墨田　　C町屋　　D千住　　E関原
F志茂　　G西蒲田　　H六郷　　I高円寺北

図8.31　東京区部における建物倒壊・火災等の総合危険度（2020年）　総合危険度は，建物倒壊危険度と火災危険度に災害時活動困難係数を乗じて算出したもの.（東京都都市整備局資料により作成）

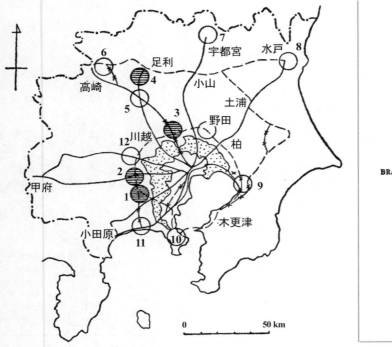

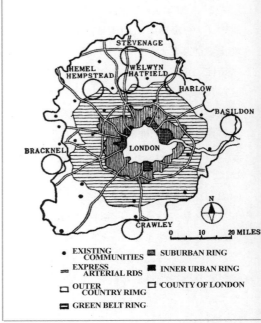

凡例

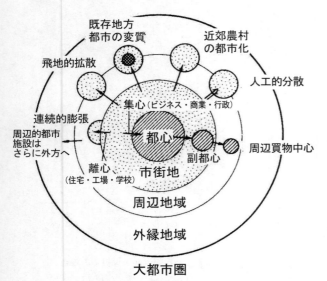 市街地開発区域（指定済）	◯ 市街地開発区域（候補地）	--- 首都圏区域 ▭ 既成市街地	░ 近郊地帯 --- 環状幹線道路 ── 放射幹線道路 ✖ バイパス線

1 相模原町田地区　　5 熊谷深谷地区　　9 千葉五井地区
2 八王子日野地区　　6 前橋高崎地区　　10 横須賀地区
3 大宮浦和地区　　　7 宇都宮地区　　　11 平塚茅ヶ崎地区
4 太田大泉地区　　　8 水戸勝田地区　　12 青梅地区

図 8.32　第一次首都圏整備基本計画（左：1956 年）
と大ロンドン計画（右：1944 年）
（石田 2004 を一部改変）

図 8.33　日本の大都市圏の構造
（菅野 1997，原典は山鹿 1967）

県，神奈川県におよぶ（図 4.5, 図 8.30）．郊外にはニュータウンなど住宅機能に特化した地域が広がり，その居住者は都心部へ通勤することで，中心都市と関わりをもつ．

　都市機能には，ビジネス（オフィス）・商業・行政など集心する（都心部へ集まる）性質をもつ機能と，工場・住宅や住宅地に付随する公立小中学校など郊外へと離心する性質をもつ機能が存在する．都市圏郊外のうち，住宅機能が拡散した都市がニュータウン，工場機能が拡散した都市が工業都市であり，いずれも通勤や生産した製品の消費先という点で中心都市と関わり，都市圏の一部として位置づけられる（図 8.33）．

【郊外の業務核都市によるオフィス分散の構想】

　都市機能のうちオフィスは，都市居住者の就業

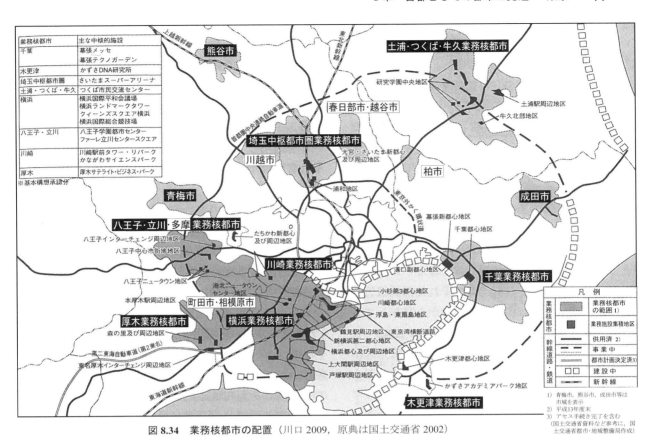

図 8.34　業務核都市の配置（川口 2009, 原典は国土交通省 2002）

先となるために都市の中核的役割を担うだけでなく（図 0.3），企業活動の拠点となるものであり，交通アクセスに優れ，他の企業や行政などと関わりやすい都心部へ集積する傾向にある（図 8.33）．しかし集積し過ぎると地価が高騰し，就業者は近隣には住めないために遠方から通勤することを余儀なくされ，遠距離通勤・満員電車は東京が抱える都市問題となった．満員電車に欧米系の旅行者が居合わせると非常に驚いた表情をみせており，これが先進国の中でも特異な現象であることに気づく．

　この問題を解消するために，1988 年に制定された多極分散型国土形成促進法に基づき，さいたま新都心，千葉の幕張新都心，横浜のみなとみらい 21（1 章の 3）などに，東京都心部に集積したオフィスの分散を意図した業務核都市を建設することが構想された（図 8.34）．これらはいずれも

買い物やレジャーでも人気だが，同じ社会的文脈の中で造成された再開発エリアである．

9．都心再開発と東京一極集中
【地価の急落と都心回帰する諸機能】

　東京大都市圏では長らく郊外への住宅地の拡大が続いてきた（図 8.30）．人口増減を示した図 8.35 をみると，1990 ～ 95 年にかけては千代田区などの都心部では減少しているのに対して，増加しているのは 23 区周辺の市区であり，いわゆるドーナツ化現象がみられる．

　一方，1995 ～ 2000 年にかけては都心部の区もわずかながら人口は増加に転じており，ドーナツ化の進行は止まっている．1955 年から 2015 年にかけての人口増減率を 20 年間隔でまとめた図 8.36 をみると，1955 ～ 75 年は世田谷区から江戸川区にかけての都心部に近い郊外（内郊外）の区

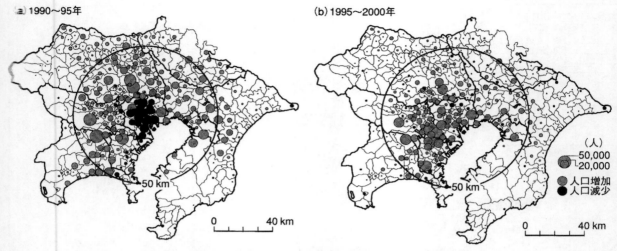

(a) 1990～95年　　　　　　　　　　　　　　(b) 1995～2000年

（人）
50,000
20,000
人口増加
人口減少

50 km

0　　40 km

50 km

0　　40 km

図 8.35　東京大都市圏における人口増減（1990 ～ 2000 年）（川口 2007）

でも増加が顕著だが，1975 ～ 95 年には 23 区の多くは減少に転じ，増加が顕著な地域は八王子市や青梅市といった都心部からは離れた東京都西郊（外郊外）でみられる．さらに 1995 ～ 2015 年になると，最も人口増減率が高いのは千代田区・中央区・港区・江東区といった都心部の区であり，

これが 30% を超す郊外は稲城市のみである．このいわゆる都心回帰といわれる現象は，東京以外の大都市でもみられる．

人口の都心回帰は，景観としては都心部における超高層マンションの建設として表れるが，回帰するのは人口だけではない．バブル崩壊は地価と株価の下落を意味するが，都心部に近いほど地価が急落したため（図 8.37），オフィスも東京の都心部へ回帰することとなり，横浜みなとみら

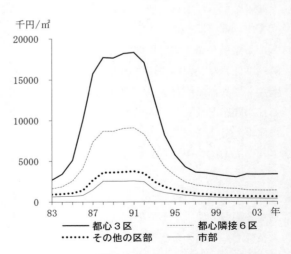

図 8.36　東京都における戦後の人口増減率の推移
（国勢調査により作成）

1955-75年
◇千代田区

1975-95年

1995-2015年

（%）
30
10
0
-10

0　　10km

千円/㎡
20000

15000

10000

5000

0
83　　87　　91　　95　　99　　03 年

都心3区　　　　都心隣接6区
その他の区部　　市部

図 8.37　バブル期前後における東京都の公示地価（商業地）の推移　都心 3 区は千代田・中央・港区，隣接 6 区は新宿・文京・台東・江東・品川・渋谷区．（『東京の土地 2004（土地関連資料）』等により作成）

い 21 などへのオフィス移転は思うように進まなかった（1 章の 3）．森ビルによって六本木ヒルズが開業したのが 2003 年であり，この頃から東京の都心部では大規模再開発が進められた．これらの低層階の多くは商業施設として利用される．また通学しやすく，企業と連携しやすいために社会人大学院生の呼び込みが期待できる都心部のキャンパスを充実させる大学もみられ，例えば明治大学はリバティータワーを，法政大学はボアソナードタワーを竣工させた．この背景には，大学を規制対象に含めていた工場等制限法の廃止や，大学設置基準・学位規則の改正等が関わる．このように，主に 2000 年代以降は，人口，オフィス，商業施設や大学など，様々な機能が都心回帰することとなった．

【都心回帰と再開発の社会的・政策的背景】

　都心回帰には，これらとは別の社会的・政策的背景もある．2023 年の日本のジェンダーギャップ指数は世界 125 位で過去最低となるが，女性の高学歴化とそれに伴う社会進出は以前よりは進んでおり，夫婦共働きの世帯が増加している．子どもは保育園に預けることになるが，郊外に住み通勤時間が長いと子どものお迎えのために早い時間に職場を出る必要がある．都心部のマンションは高額ではあるが，共働き（ダブルインカム）であればその支出が可能な世帯もあり，近年は職住近接志向が高まっている．

　政府主導で開発規制が緩和された影響も大きい．1990 年代初頭のバブル経済の崩壊に伴い経済の低迷が続く中，小泉純一郎政権による経済政策として，都市再生特別措置法（2002 年施行）に基づく再生の拠点として「都市再生緊急整備地域」が指定され，ここでは土地利用規制の緩和や手続きの短縮化，民間プロジェクトに対する金融支援や税制措置等が行われた．さらに 2011 年には国際競争力を強化する上で特に重要な地域として「特定都市再生緊急整備地域」が指定された．その主な対象地域を示した表 8.1 をみると，全国

表 8.1　都市再生緊急整備地域の面積と主な地域

（単位：ha）

全 国	9,171	(4,336)	
東京都	2,945	(2,727)	東京都心・臨海，新宿駅周辺など
神奈川県	1,149	(397)	横浜都心・臨海，羽田空港南・川崎殿町・大師河原など
愛知県	924	(303)	名古屋駅周辺・伏見・栄，中部国際空港東・常滑りんくうなど
大阪府	897	(262)	大阪駅周辺・中之島・御堂筋周辺，大阪コスモスクエア駅周辺など
福岡県	892	(231)	福岡都心，福岡香椎・臨海東など

（　）は特定都市再生緊急整備地域．
500 ha 以上の都府県を掲載．
神奈川県の値には一部都府県跨ぎの地域を含む．
（内閣府地方創生推進事務局資料により作成）

図 8.38　特例容積率適用区域制度で容積が移転された歴史的建造物と高層ビル（2022 年 6 月撮影）

に対して東京都や神奈川県に開発が集中していることがわかる．元大学教授の経済政策担当大臣をブレインとするこの政策の狙いは東京の「空」を活用することであり，東京で大規模ビルを建設して経済活動を活発化し，日本経済を牽引させる狙いであった．一方，これにより経済活動のしやすい東京へ地方からオフィスが移転すると，「地方の取り残し」というよりも「地方からの吸い取り」となり，次項で触れる東京一極集中の国土構造がさらに強固なものとなった．

　このほかにも再開発を進める制度がある．例えば特例容積率適用区域制度は，文化財に指定されるなどによって低層な建物を維持する敷地に対して，未利用分の容積率を他の敷地へ移転・売却して大規模な建物の建設を可能にする制度である．辰野金吾によって設計され，2003 年には国の重要文化財にも指定された JR 東京駅とその周辺地区でこの制度が適用された結果，今日では東京駅

を囲むように高層ビルが林立している（図8.38）. これらの経済政策によって東京は国内外からの投資の対象となり，都市が日本の経済成長のための道具として利用されているとも解釈される（上野2017）.

【投資で価格が高騰するマンション】

少子化・人口減少社会に突入する中で，東京区部ではマンション建設が進み，国内外からの投資を呼び込んでいる．2021年に発売された23区の新築分譲マンションの平均価格は前年比7.5％増の8,293万円である．都心部で働く人も23区内のマンションを購入するのは困難であり，新幹線などを利用して高崎市内のマンションなどから通勤する人も多い．一方，需要が旺盛な23区のマンションではあるが，中国人投資家などが購入する場合も多いために，タワーマンションには人は住まず空き家になっている場合も多い（2022年10月10日日本経済新聞朝刊より）．なお2023年1〜6月の23区の新築分譲マンション平均価格は1億2,962万円とさらに急騰している．住宅をはじめとした価格の高騰は，都民の経済事情を苦しめ，後述する少子化の一因にもなっている．

【東京一極集中の過程とグローバル化】

今日の日本における東京一極集中の構造は，1980年代から顕著にみられる．三大都市圏とその他の地方圏における人口の転出入の推移を示した図8.39をみると，1955〜70年代初頭の高度経済成長期には，三大都市圏はいずれも増加しているのに対して地方圏では減少しており，地方から都市部へと人口が移動した様子がわかる．オイルショックにより経済も安定成長の時代に入ると人口の転出入も一時落ち着くが，1980年代から再び地方圏は減少に転じている．ただしこの時期に転入超過なのは東京圏のみであり，東京一極集中が生じている．バブル崩壊後の1995年頃には再び人口移動は落ち着くが，90年代後半には再び地方圏の減少と東京圏の増加がみられ，東京一極集中の傾向が続いている．

東京一極集中を進めた都市再生緊急整備地域の指定など国の政策が行われた背景として，グローバル化があげられる．先進国を中心に，大企業がターゲットとするマーケットを自国内から世界に広げて展開するようになると，例えばヨーロッパの企業が東アジアに進出する際，その活動を統括

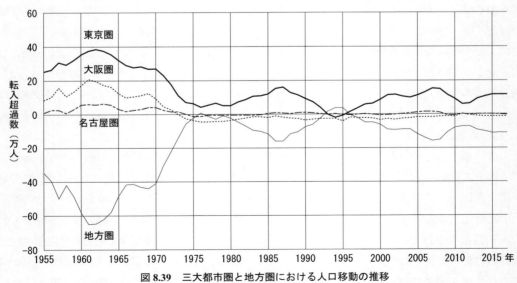

図8.39　三大都市圏と地方圏における人口移動の推移
東京圏は埼玉・千葉・神奈川県・東京都，名古屋圏は岐阜・愛知・三重県，大阪圏は京都・大阪府・兵庫・奈良県.（松原2022）

するオフィスをどこかに設ける．日本国内の場合，首都で情報が集まり，取引関係のある日本企業の本社や手続き先となる国の行政機関，場合によっては折衝相手となる国会議員などと交渉しやすい東京を選ぶのが最も合理的である．東アジアにおける活動の拠点を，中国の上海や深圳などではなく東京を選んでもらうためにも，東京を「ビジネスのしやすい都市」とする必要があり，先述の「都市再生緊急整備地域」が指定された．外資系企業数では，全国に対して東京都へ立地する割合が67.3％と，2位の神奈川県9.9％，3位の大阪府5.2％を大きく引き離している（2015年度，外資系企業動向調査より）．

【経済指標からみる東京一極集中】

東京一極集中により，人口，オフィスや商業施設など様々な都市機能が集まる．人が集まる場所には様々な消費文化も集まる．例えば若者に人気のラーメンも，東京では全国のご当地ラーメンの有名店が集まり，札幌味噌ラーメンでも博多豚骨ラーメンでも，東京にいればそれらの有名店の味を楽しむことができる．そういった多様な消費文化は生活の質にも関わるため，それに魅力を感じる若者をさらに呼び込むことになる．

表8.2は，経済的な指標を中心に全国と東京都の値を示す．人口は東京都が全国のうち11.1％を占め，47の都道府県がある中で1割強も集まるが，経済的指標となるとその割合は一層高まる．商品の生産から販売へと至る流通において中枢的な役割を担う卸売業の販売額では40.3％，近年に先進国で伸びている情報通信業の従業者数では54.7％，大企業を意味する資本金10億円以上の民営企業数では51.9％を占める．また国内銀行貸出残高は43.3％を占める．企業は事業計画を立て，銀行から借金をして事業を行い，その利益の中から借りた金額に利子をつけて銀行へ返す．銀行はその利子で利益をあげる．これが経済活動の基本構造であり，この指標で東京都が43.3％を占めることは，日本の経済活動の4割強は東京で行われ

ていると読み替えられる．なお，この数値は先の卸売業商品販売額にも近い．

【東京一極集中と少子化問題】

このような経済的要素を中心とした東京一極集中は，地方の活気を喪失させ，不均等な国土構造をもたらした．地理の学習では「過疎・過密」として扱われるこの問題は，日本で最大の問題ともいえる少子化にも関わる．日本の合計特殊出生率は1.26（2022年）であり，人口維持に必要な2.1を大きく下回るが，特に東京都は1.04と低い（図8.40）．これは仕事が忙しいことによる未婚や晩婚化，地価や物価が高いことで経済的に余裕がないことが背景にあげられる一方で，地方では雇用が少ないうえに商業・サービス面で魅力に乏しいことで若者が東京へ流出してしまうなど，いずれも東京一極集中がもたらす現象でもある（図8.41）．

「人」はあらゆる事象に関わる基本的な要素であるため，国土におけるその不均等は，日本において様々な問題を引き起こす．これまでは「東京

表8.2　東京都への経済的要素の集積

項目	単位	全国	東京都	割合(%)
人口（20年）	千人	126146	14047	11.1
昼間人口（20年）	千人	126146	16315	12.9
管理的職業従業者（20年）	千人	1170	159	13.6
専門的・技術的職業従業者数（20年）	千人	10275	1418	13.8
実質県内総生産（19年度）	億円	5764839	1138603	19.8
1人当たり県民所得（19年度）	万円	334.5	575.7	-
完全失業率（16年）	%	3.1	3.2	-
卸売業（21年）				
事業所数	件	267215	36197	13.5
従業者数	人	3138020	845703	27.0
商品販売額	億円	3893883	1569412	40.3
情報通信業（21年）				
事業所数	件	76559	28503	37.2
従業者数	人	1986839	1085934	54.7
本所・本社・本店（民営，21年）	所	280086	45675	16.3
資本金10億円以上の企業（民営，21年）	社	5739	2977	51.9
国内銀行貸出残高（23年3月末）	億円	5703065	2469810	43.3
製造品出荷額等（20年）	億円	3020033	70805	2.3

（『地域経済総覧2024年版』により作成）

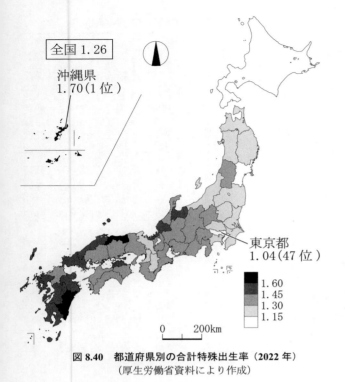

全国 1.26

沖縄県
1.70（1位）

東京都
1.04（47位）

■ 1.60
▨ 1.45
▧ 1.30
□ 1.15

0　　200km

図 8.40　都道府県別の合計特殊出生率（2022 年）
（厚生労働省資料により作成）

10.　首都としての東京の発達と役割

　図 8.42 は，江戸・東京の都市の発達に関わる事象とその関係性をまとめたものである．これをみると，参勤交代や欧米を意識した都市整備，東京五輪に伴う都市整備や，開発規制の緩和による再開発など，いずれも江戸・東京が日本の首都だからこその政策といえる．これにより人口や職場としてのオフィスがさらに集積して都市は拡大し，それが急速かつ膨大であったため，住宅価格の高騰や木造密集地区の残存などが生じた．住宅価格の高騰や活発な経済活動は晩婚化や少子化といった日本が抱える大きな問題の一因にもなっている．一方で，人口の増加は多様な消費文化をもたらして若者を魅了し，これがオフィス集積と合わせて地方から東京へ人を呼び込んでいる．

　このように東京は，多くの人や機能が集中するだけに，「日本経済のエンジン」にもなり得る反面，「地方衰退の元凶」にも「少子化の元凶」にもなり得る．首都ゆえに，東京の動向は日本の経済や国土構造にも直結するため，東京という一都市だけでなく，日本全体への影響を考慮した政策が求められる．
　　　　　　　　　　　　　　　　（牛垣雄矢）

は日本経済のエンジン」という考え方で日本の経済・国土政策が行われてきたが，このまま進むか，活力を地方へ向けるかは，日本そのものの未来を左右する大きな問題である．

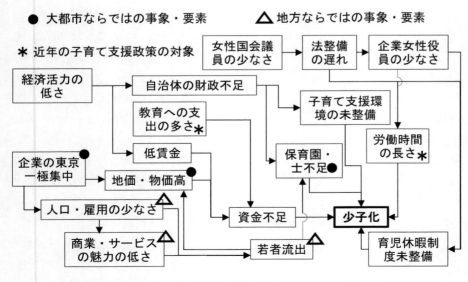

図 8.41　日本における少子化問題の構造図　（牛垣 2023 を一部修正）

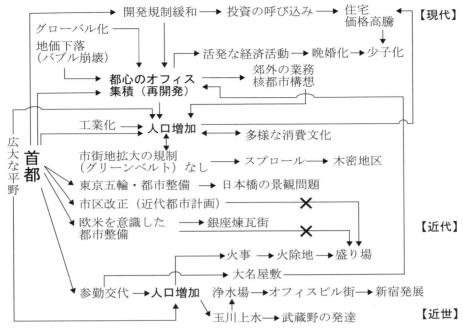

図 8.42　江戸・東京の都市発達の模式図

文　献

有薗正一郎 2018. 16 世紀後半〜19 世紀に日本を訪れた外
　国人が記述する日本庶民の人糞尿処理. 愛大史学　日
　本史学・世界史学・地理学 27: 1-16.

石田頼房 2004.『日本近現代都市計画の展開 1968-2003』
　自治体研究社.

石塚裕道 1991.『日本近代都市論―東京: 1868-1923』東
　京大学出版会.

上野淳子 2017.「世界都市」後の東京における空間の生産
　―ネオリベラル化と規制緩和をめぐって―. 経済地理
　学年報 63: 275-291.

牛垣雄矢 2015. 日本における商業空間の性格とその変化
　に関する一考察―盛り場からショッピングセンターに
　いたる空間的性格の変遷より―. 東京学芸大学紀要人
　文社会科学系 II 66: 49-64.

牛垣雄矢 2023. 小学校社会科及び中学高等学校地理におけ
　る人口の扱いに関する一考察. 新地理 71 (3): 53-57.

小田内通敏 1918.『帝都と近郊』大倉研究所.

貝塚爽平 1979.『東京の自然史』紀伊国屋書店.

川口太郎 2009. 住民と生活. 菅野峰明・佐野　充・谷内
　達編『日本の地誌 5　首都圏 I』朝倉書店: 77-103.

菅野峰明 1997. 都市機能と都市圏. 高橋伸夫・菅野峰明・
　村山祐司・伊藤　悟『新しい都市地理学』東洋書林:
　45-70.

桑子敏雄 2005.『風景の中の環境哲学』東京大学出版会.

越沢　明 1991.『東京の都市計画』岩波書店.

鯖田豊之 1988.『都市はいかにつくられたか』朝日新聞社.

篠原　修 1997. 近代東京の骨格形成. 中村英夫編『東京の
　インフラストラクチャー―巨大都市を支える―』技報
　堂出版: 71-104.

鈴木理生 1976.『江戸と城下町―天正から明暦まで―』新
　人物往来社.

スタヴリアーノス著, 猿谷　要・斎藤元一訳 1991.『新・
　世界の歴史』桐原書店.

棚橋正博・村田裕司 2004.『絵でよむ江戸のくらし風俗大
　事典』柏書房.

日本地誌研究所 1967.『日本地誌 7　東京都』二宮書店.

内藤　昌 1966.『江戸と江戸城』鹿島出版会.

博文館編集部 1990.『大東京写真案内』博文館新社.

初田　亨 2004.『繁華街の近代―都市・東京の消費空間―』
　東京大学出版会.

林　上 1991.『都市地域構造の形成と変化―現代都市地理
　学 II―』大明堂.

藤森照信 1982.『明治の東京計画』岩波書店.

双葉社 2010.『完全版　江戸の風景』双葉社.

正井泰夫 1972.『東京の生活地図』時事通信社.

正井泰夫 1987.『城下町東京』原書房.

正井泰夫 2000.『江戸・東京の地図と景観』古今書院.

正井泰夫 2001. 江戸図で見る大江戸線と山手線. 地図ニ
　ュース 345: 3-6.

正井泰夫 2003 監修.『歴史で読み解く東京の地理』青春出
　版社.

松原　宏 2022. 日本の地域構造と地域経済. 松原　宏編『地
　域経済論入門　改訂版』古今書院: 32-52.

1. 盲目な身近な地域と世界の"Morioka"

2023年1月12日,「盛岡」が世界の「Morioka」になった. The New York Times が発表した"52 Places to Go in 2023"すなわち「2023年に訪れるべき52か所」に盛岡が選出されたのである. 筆者は進学を機に上京するまでの18年間を盛岡で過ごしており,身近な地域,地元・盛岡が取り上げられたこの発表には驚きを隠せなかった.

盛岡は52都市のうちロンドンに次ぐ2番目に掲載された.「2番」とはあくまでも掲載順であり,選出された都市にランキングがあるわけではないという. しかし,盛岡市を推薦した作家兼写真家のクレイグ・モド氏は「僕の頭にはすぐさま日本の盛岡市が浮かんだ」と回答しており,推薦者に盛岡が強く印象に残っていたことが,この掲載順に繋がったと思われる. また,クレイグ氏は以下のような推薦文をニューヨークタイムズ紙に送っている.

東京から新幹線ですぐ行ける,人混みなく歩いて回れる宝石的スポット.

昨年10月まで,日本は主要国の中で最も厳しい渡航制限を継続していた. 今,東京,京都,大阪といった人気観光地に旅行者が戻り始めている. しかし,岩手県の盛岡市は,たいていは通過され,見過ごされてきた. 山々に囲まれた盛岡市は,日本の高速鉄道新幹線で東京から北へ数時間. 街歩きにとても適している. 大正時代に建てられた西洋と東洋の建築美が融合した建造物,近代的なホテル,歴史を感じさせる旅館(伝統的な宿泊施設),蛇行して流れる川などの素材にあふれる. 城跡が公園となっているのも魅力のひとつだ.

また,日本のコーヒーのサードウェーブのひとつである「NAGASAWA COFFEE」をはじめ,素晴らしいコーヒー店もある.「NAGASAWA COFFEE」では,オーナーの長澤一浩氏が自ら輸入・修理したドイツ製のビンテージ焙煎機「プロバット」を使用するほど豆にこだわる. 東家は小さなお椀に盛られたわんこそばが食べ放題.「BOOKNERD」では日本の年代物のアートブックを販売. そして40年以上の歴史を持つジャズ喫茶ジョニー. 車で西に1時間も行けば,田沢湖や世界有数の温泉が多数ある.

クレイグ氏が世界に発信してくれた盛岡の魅力を整理すると以下のようになる.

1) 東京から新幹線で数時間の距離にあること
2) 独自の文化が根付いていること
3) 自然が豊かであること
4) 様々な時代の建築物が混在していること
5) 町歩きに適していること

しかし,これは盛岡出身の私からするとどれも「当たり前」だという感想をもった. そこで本章では筆者にとって身近な地域であり,世界に注目されている盛岡を地理学的な見方・考え方を用いてとらえなおしたい.

2. 盛岡の消費文化

【「スタバ」が撤退するまち】

盛岡駅前の一等地にカフェチェーン店大手のスターバックスが出店するもしばらくして閉店に追い込まれたことがある. カフェ自体は日本全国どこにでもみられ,そもそも我が国発祥の文化ではない. しかし,図9.1が示すように盛岡には市内の南西部を中心に非常に多くのカフェが立地している. 2020年に総務省が発表した「家計調査」によると,盛岡市のコーヒー消費量は都道府県庁所在地別で全国2位であり,盛岡に暮らす人はコーヒーが好きなようだ.

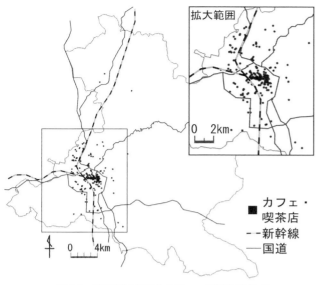

図 9.1　盛岡市におけるカフェ・喫茶店の分布
（「食べログ」により作成）

そして，市内のカフェや喫茶店の多くが個人経営であり，店内は独自の内装が施されるなど個性的で，多くは自家焙煎にてコーヒーを提供している．ジャズ喫茶も多い．これらのサービスを享受したければそのお店を訪れるしかなく，「串カツ」や「宇治抹茶」のように「モノ」として販売することが難しい「コト」が提供されている店が多いといえる．だからこそ，盛岡は「『訪れるべき』都市」に選定されたのかもしれない．

【映画館通り】

1891（明治 24）年に盛岡駅が開業してから，駅西側の「御菜園」は 1927（昭和 2）年まで後述する南部家の私有地であったため，開発が遅れていた．それを憂いた地元の商人たちが南部家から約 7 万 m² の土地を買い取り，現在の大通り，菜園地区，映画館通りを開発した．

もともと演劇が市民の娯楽として人気が高かった盛岡では 1932（昭和 7）年にはすでに映画館が 5 館あったとされる．同時期の仙台市でも同数の映画館が経営されていたが，盛岡の人口は当時 5 万人であり，これは当時の仙台の人口の 4 分の 1 である．人口と映画館数の比をみても，盛岡にお

ける映画人気がうかがえる．昭和 30 年代には 15 の映画館が常設で営業するに至る．

当時の映画はただの大衆娯楽だった．しかし，盛岡中央劇場が開設される際には，映画が科学の発展や社会教育に寄与するものであり，また映画館の設立を地域振興に貢献する公共性の高い事業とする，当時として先進的な考え方に基づいて，盛岡の映画文化が花開いていく．

なお，現在の映画館通りは 5 館 14 スクリーンと最盛期と比べると衰えをみせている．しかし，盛岡出身の映画監督の作品や盛岡が舞台とされる映画を放映する「もりおか映画祭」が開催されるなど，盛岡の映画文化を盛り上げようとする活動もみられる．さらに，映画祭期間中には映画の半券を協賛店で提示するとドリンクが 1 杯無料になるなどのサービスを受けられ，映画を活用した中心市街地の活性化が試みられている．

【盛岡の位置】

このような独自の文化が注目されている盛岡であるが，クレイグ氏の指摘の通り，「たいていは通過され，見過ごされてきた」．過去最大の訪日外国人旅行者を記録した 2019 年の東京都への訪日外国人旅行者は約 1,410 万人，大阪府は約 1,153 万人，京都府は約 830 万人であった一方で，盛岡ひいては岩手県を訪れた外国人観光客は約 12 万人であった．

しかし，盛岡は東京から北に約 462 km 離れているが，大阪や京都といった訪日外国人に人気の場所も東京から約 400 km 西に位置しており，盛岡は特筆して東京から遠いわけではない．さらに，東京駅から新大阪駅までは「のぞみ」で約 2 時間 30 分である一方で，盛岡駅までは「はやぶさ」で約 2 時間 10 分と，時間距離の観点では盛岡の方が東京から近い．

これまで「ゴールデンルート」と呼ばれる東京，富士山，名古屋，京都，大阪にかけての広域的な観光が外国人観光客の王道とされてきた．しかし，盛岡に関する一連の報道によって「通過され，見

過ごされてきた」まちも決して魅力がないわけではないことが示されたといえる．むしろ王道の観光地でオーバーツーリズムが問題となっているため，見過ごしてきたまちの見直しと魅力の発信が求められる．

3. 城下町盛岡

【盛岡の自然環境】

　蛇行した川が流れていることを盛岡の魅力の1つとしてクレイグ氏は指摘している．河川の蛇行は水の流れが緩やかになることによって発生する．流れが緩やかになるということは土地の傾斜が緩やかになるということであり，すなわち河川の蛇行は平らな土地に見られる現象である．地形学上の分類は「平野」ではないものの，盛岡は北上盆地の北側に位置しており，南東部は主流北上川に雫石川，中津川が合流し，「平地」が広がっている．起伏の小さな土地は農耕に適しているため，多くの人口を抱えられるようになり，次第に政治や経済の中心地となっていくことが多い．なお，河川や平らな土地といった自然環境が発展の基盤となるのは盛岡に限った話ではない．

【先進的な城下町・盛岡】

　盛岡市内のランドマークといえる盛岡城は豊臣秀吉の奥州仕置により現在の青森県三戸町に拠点があった南部氏が盛岡への配置換えを命じられ，豊臣政権下における東北地方の支配拠点として築城されたものである．

　南部藩初代藩主の南部利直（なんぶとしなお）の側近である北信愛（きたのぶちか）は，幹線道路を中心とした一の字型の町割りでは裏通りがさびれてしまうと考えた．城を中心に前後左右に道路を造ることで多くの人々が商いをできるようするべきだと提言し，城下町にメインストリートを設けず，「五の字」に町割りを行った．二重の外堀と商家や職人町が城を囲み，その外側に侍屋敷などを配置したもので，当時としては珍しい環状型市街地の素地がかたちづくられた．

　その結果，城下町は「盛岡二十三町」と呼ばれ

図 9.2　景観重要建造物「茣蓙九」
（2023 年 10 月撮影）

る複数の町人街が栄えるようになる．景観重要建造物にも指定されている「茣蓙九（ござく）」は城下町盛岡の昔の面影を今に伝える建築物である（図 9.2）．なお，茣蓙九が位置する紺屋町（こんやちょう）は盛岡二十三町の1つで，紺屋とよばれる藍染屋が集積したことに由来する．

【明治期の城下町盛岡】

　廃城令によって盛岡城の建物はほとんどが解体されてしまった．しかし，盛岡が果たす県内および東北地方の中心的な役割は変わることはなかった．東京駅駅舎を手掛けた辰野金吾が設計したことで有名な岩手銀行赤レンガ館は，県内最大の地方銀行である盛岡銀行（のちの岩手銀行）が本店として落成したものである．

　また，現在はもりおか啄木・賢治青春館として利用されている 1910 年建築の「旧第九十銀行本店本館」は，見事な煉瓦組の外壁を今に残している．これらは盛岡が経済的な中心地であったことを意味している．

　また，南部氏は戊辰戦争にて新政府軍と敵対したため賊軍としてその立場を追われるが，盛岡の県内における政治的な優位性は変わることはなく，間もなくして県令が明治政府より盛岡に配置される．

　第二代県令の石井省一郎氏の私邸である石井県令邸は景観重要建造物に指定されている．壁面がツタに覆われていることが特徴的で，まるでジブ

図9.3　石井県令邸（2023年10月撮影）

リ映画に登場しそうな雰囲気から多くの観光客が訪れる人気スポットとなっている（図9.3）.

【空襲を免れた旧市内】

　上述したように，盛岡は江戸時代から周辺地域における中心地的な役割を果たしてきた．その結果，時代ごとの最先端の技術を用いた，すなわち時代を象徴するような建築物が多いといえる．しかし，時代ごとの建築物が建設されたこととそれらが「残存」していることはまた別問題といえる．

　盛岡は1945年にアメリカ軍から3度の空襲を受けたが，いずれも盛岡駅周辺を狙ったものであった．現在の盛岡駅周辺は多くの商業施設や飲食店が集積し，市内でも随一の賑わいを見せているが，空襲を受けた当時は盛岡鉄道管理部及び工機部や，国鉄盛岡工場，盛岡ガスが立地する「郊外」であり，空襲はこれらを狙ったものだった．線路は人口密集地を避けて敷かれるが，工場には広い用地が必要であるため，すでに開発されている旧城下町に立地することは難しい．したがって，人口密集地の旧城下町にある歴史的に価値があるとされる建築物は空襲を免れた．

【歴史と人が残るまち】

　そのため原敬や石川啄木といった盛岡が世界に誇る先人たちの著書や作品に登場する建築物や景色が今に残っている．石川啄木が現在の県立盛岡第一高等学校の前身である盛岡中学校を授業中に抜け出し，盛岡城跡の芝生に寝転んだ様子を詠んだ短歌は非常に有名である．

　　不来方の　お城の草に　寝ころびて
　　空に吸われし　十五の心

　また，同じく盛岡中学校に通っていた宮沢賢治の作品『ポラーノの広場』の中の理想郷「イーハトーヴ」の記述の中に「うつくしい森で飾られた『モリーオ市』」という一節が登場する．

　イーハトーヴとはひとつの地名であり，それはドリームランドとしての岩手県である，と賢治が語る．盛岡市がモデルとされる「モリーオ市」は「イーハトーヴ」の中で最も大きな都市として描かれている．13歳から青春時代の約10年間を盛岡で過ごしたことが，賢治のその後の創作活動に影響を与えている．

　一方，盛岡都市圏は高度経済成長期に公的事業主体で宅地開発が展開され，急速に発展する過程で繰り返し氾濫する中津川をコンクリートで護岸するなど，盛岡の自然を傷つけてしまうこともあった．しかし，石川啄木をはじめとする郷土の文人が描いた盛岡の豊かな自然を残そうと保護活動が熱心に取り組まれている．現在は市民の保健および休養のため，また都市景観上保護が必要な緑地である環境保護地区として19の地区が指定されている．

4. 空間的拡大とそれに付与する盛岡の魅力

　クレイグ氏は「町歩きに適している」と盛岡を評価しているが，盛岡市は東京都特別区部の約1.43倍に該当する市域を有している．言葉尻をとるようだが，クレイグ氏が取材のために滞在した3泊4日の日程にて盛岡の全域を歩ききることは不可能に近い．

　では，クレイグ氏は盛岡の何をどのように見てニューヨークタイムズに「町歩きに適している」と推薦文を送っただろうか．クレイグ氏が自身の文章やインタビューにて評価した建築物や飲食店

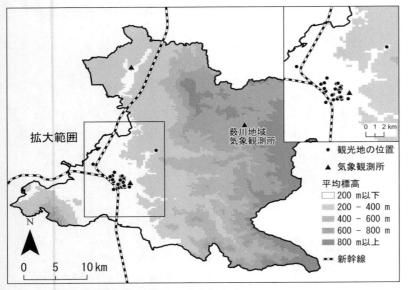

図 9.4 盛岡市における主な観光地
（盛岡市ホームページにより作成）

に加えて，盛岡市が定めた重要景観建築物，すなわち定番の観光地を示した図 9.4 をみると，南西部の限られた地域に集中していることがわかる．

現在の盛岡市は 886.5 km² の市域を有するが，1889 年の市町村制施行の際には 4.47 km² しかなかった（以下，旧市内）．表 9.1 に示すように，「盛岡市」としてスタートした場所は周辺町村との合併を繰り返した．すなわち，市域の隅から隅までクレイグ氏の推薦文に描かれているような街並みが広がっているわけではない．そして，周辺の地

域を取り込んでいくことによって盛岡は多様な魅力をもつ場所になる．

話は変わるが，初めてお会いした方に盛岡出身だと伝えると，「あの『じぇじぇじぇ』で有名な場所だよね！」といわれることがある．残念ながらこの特徴的な驚き方をしている方を盛岡で見かける機会はほぼない．地域の特徴を理解することは非常に重要だが，それが地域に対する思い込みになってはいけない．例えば，アフリカの自然は大陸全域で砂漠かサバンナで，経済的には貧困な地域だととらえている子どもに対し，地理教育の現場では多角的にとらえなすような学びが求められるのと同じである．

【本州で最も寒冷な県庁所在地】

盛岡は最低気温 -27.6 度を記録したことがある．また，盛岡とほぼ同緯度に位置する秋田市の 2 月の平均気温は -2.1 度である一方で，盛岡の 2 月の平均最低気温は -13.0 度である．これも行政区域の拡大で説明できる．

盛岡市は 3 地点で気象観測をしている．そのうちの 1 つの薮川地域気象観測所は旧市内から車で北東方向へ約 50 分の距離にあり，その標高は

表 9.1 盛岡市における周辺町村の編入

年	自治体名	加わった魅力
1889	内丸，仁王村，志家村，仙北町の一部，東中野村の一部，新庄村の一部，加賀野村の一部，山岸村の一部，三割村の一部，上田村の一部	城下町
1928	岩手郡米内村（上米内村，下米内村，山岸村の一部），三割村の一部），植田の一部）	豊かな自然
1940	岩手郡厨川村（下厨川村，上厨川村，平賀新田）	前九年の役
1941	岩手郡本宮村（本宮村，向中野村，下鹿妻村，仙北町村の一部），浅岸村（加賀野村の一部，新庄村の一部），中野（東安庭村，門村，東中野村）	本州初りんご栽培 原敬（出生地）
1955	岩手郡簗川村（簗川村，砂子沢村，川目村，根田茂村，玉山村の一部，滝沢村の一部），玉山村の一部，滝沢村の一部	豊かな自然
1955	岩手郡太田村（上太田村・中太田村・下太田村・猪去村・上鹿妻村）	志波城
1992	紫波郡都南村（見前村，乙部村，飯岡村）	遮光器土偶発掘
2006	岩手郡玉山村（玉山村，日戸村，川又村，上田村の一部，薮川村，渋民村，下田村，川崎村，松内村，芋田村，門前寺村，巻堀村，寺林村，馬場村，永井村，好摩村）	最も寒冷な県庁所在地 石川啄木（出生地）

（盛岡市ホームページにより作成）

680 m である．この標高にありながら，さらに高い山々によって囲まれ盆地を形成しており，冬季は極めて冷え込む．薮川にある人工湖の岩洞湖は人が立ってもビクともしないほど分厚く凍結し，その氷に穴を開けて釣り糸を垂らすワカサギ釣りの名所となる．前述した最低気温と2月の平均最低気温の記録は薮川のものである．そんな薮川は2006年まで玉山村であり，合併によって盛岡市に編入した．それまで玉山村薮川がもっていた記録が盛岡市玉山区薮川の記録として書き換えられたのである．なお，薮川は冷涼な気候を生かしたソバの生産地としても有名だ．

【本州初のりんご栽培】

1872年，東中野村出身の古澤林は上京中に西洋リンゴの美味しさに感銘を受け，原産地が中央アジアからコーカサス地域にかけての寒冷地だと知ると，寒さの厳しい故郷でも栽培できると考えた．すぐにリンゴの苗木を購入し，現在盛岡市立中野小学校の校庭となっている土地に植えた．

これが本州で最も早いりんごの栽培とされているが，当時，この記録は東中野村のものであった．しかし，盛岡市に編入した1889年を機に，盛岡市の記録としてくみこまれることとなった．

【盛岡の先人たちの「出生地」】

盛岡には多くの先人がいる．「平民宰相」とよばれ本格的な政党政治を行った原敬，詩集『あこがれ』や『一握の砂』で知られる石川啄木，アイヌ語研究の第一人者である金田一京助，国際連盟初代事務局長を務めた新渡戸稲造，日独伊三国同盟反対派の中心人物であり，終戦に尽力した米内光政など，盛岡は数多くの先人たちを輩出してきた．しかし，厳密には原敬は当時の本宮村，石川啄木は南岩手郡日戸村の出身である．

しかし，石川啄木は前述したように旧制盛岡中学校に通うなど，青春時代を旧市内で過ごしていた．もともと盛岡にゆかりのある先人とされていたが，2006年の玉山村が盛岡市と合併を機に盛岡市玉山区日戸「出身」の先人とされるようになった．

ちなみに，盛岡に暮らす人は原敬を親しみを込めて「はらけい」と呼ぶ．原敬に関する史料を展示している「原敬記念館」は公式に「原敬（はらけい）記念館」と呼ばれている．

いずれにしても，盛岡は周辺町村との合併を繰り返し行政区域を拡大するだけでなく，それら地域の魅力を取り込み，当初の盛岡と比較して約198倍もの広さを指す地名に変貌した．

5. 地域の「当たり前」を見直す

盛岡から上京してきて「地元は田舎で何もない」とご出身を卑下される方と会うことがある．「地元」を心から愛するものとしては少々辛い気持ちになると同時に，卑下された出身地がいかに素晴らしい場所であるかを説明したくなる．

しかし，盛岡に関するニューヨークタイムズの記事は，東京からの距離，独自の文化が根付いていること，自然が豊かであること，様々な時代の建築物が混在していること，町歩きに適していることなど，盛岡に暮らす人にとって当たり前のことが実は魅力的だと評価されたものである．盛岡出身の私としても「そう言われてみれば…」と感じるクレイグ氏の指摘も多く，一連の報道で18年間暮らした盛岡の魅力を再発見することができた．そのため，地元を卑下する人がいることも理解できる．身近過ぎてその魅力に気づけていないだけであろう．

東京一極集中が加速する今だからこそ，盛岡の事例を他人事としてはいけない．大都市だけが，有名な観光地だけが魅力的なのではない．あなたにとって身近な地域の身近な「当たり前」は，実は宝石的スポットかもしれない．　（平澤健太郎）

文 献

宮沢賢治 1995.『ポラーノの広場』新潮社．
盛岡市公式ホームページ https://www.city.morioka.iwate.jp/
　（最終閲覧日：2024年2月23日）
食べログ https://s.tabelog.com（最終閲覧：2024年2月23日）

旧城下町都市の空間構造とまちづくりの関係 ― 犬 山

1. 城下町は空間構造が面白い！

犬山城の名を一度は聞いたことがあるだろう．姫路城・松本城・彦根城と並ぶ国宝 4 城のひとつで，その文化的価値は高い．だが，その所在を知らない人は多い．犬山は愛知県最北端に位置する小都市で，城下町は歴史的まち並みが残り，多くの観光客で賑わっている．

ところで，日本各地で地域資源を活かしたまちづくりが行われている．まちづくりと聞くと行政や NPO 等，人々が努力と工夫を凝らして取り組む人文・社会的背景が着目される．犬山も景観整備や店舗誘致など人々の工夫と努力により，今の活性化があることは間違いない．だが，本章ではそこに空間構造の視点を取り入れてみたい．そもそも日本の主要都市の多くは近世城下町を起源としており，その空間構造の影響が色濃く残っている．本章では，犬山の様子を地理学的に描き出しつつ，地方都市の中心市街地活性化のまちづくりに対する空間構造的視点の有効性を提案したい．

2. 犬山市の概要

犬山市は犬山町と楽田（らくでん）村，羽黒（はぐろ）村，池野村，城東（じょうとう）村の 1 町 4 村が 1954（昭和 29）年に合併し市制が施行され，面積 74.97 km^2，人口 72,202 人（2023 年 9 月）を有している．市の東部は山間地域で，西部は都市が南北方向に広がっている．

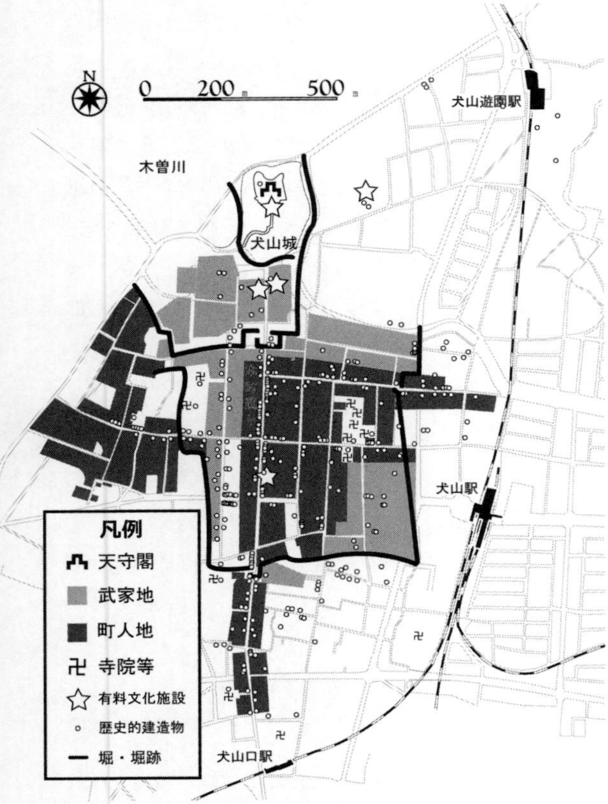

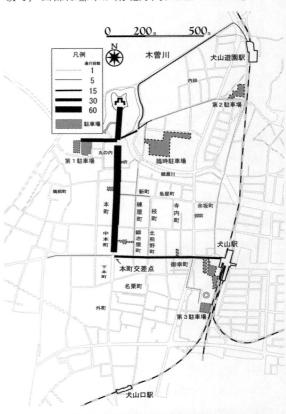

図 10.1　犬山城下町の空間構造と観光資源の立地（2014 年）
（現地調査により作成）

図 10.2　観光客の通行延べ数と駐車場の分布（2014 年）
（現地調査により作成）

犬山市は，鉄道や車での交通アクセスが良い．市内の鉄道網は名古屋鉄道の犬山線，小牧線，広見線が通っている．名古屋駅から犬山駅までは特急を使わずとも約30分である．また道路交通網は，中央自動車道や東名自動車道が通っており，名古屋から約25分となっている．犬山市内には犬山城のほかに，明治村，リトルワールド，モンキーパークというテーマパークが点在し，観光先として名を馳せている．

3. 犬山城下町の空間構造

犬山の歴史は，1469年に織田広近が築城した木下城にはじまり，1537年に織田信康が犬山城を築城した．江戸期以降は1618年に尾張藩家老の成瀬正成が3.5万石の城主として入城して以来，代々成瀬氏が居城している．ちなみに，犬山城は2004年まで全国唯一の個人所有の城であった．

犬山城は，木曽川沿いの標高約85mの小高い山の上に建っており，山の斜面を利用して郭を構成している．山頂部に天守を備えた本丸，山の段差を利用した5つの曲輪と13の櫓があり，背後に木曽川を控えて鉄壁の守りを固めていた．天守最上階の眺望は四方に開けて素晴らしく，柵の低い廻縁に出るとスリルが味わえる．城下町は大手門の南に設けられ，現在の犬山地区が形成された．1891（明治24）年の濃尾大地震により江戸期の建物はほとんどが消失したため，古い建物の多くはそれ以降のものである．

図10.1は，現在の犬山の地図に，城下町の空間構造と観光資源の立地を示した図である．南北に旧稲置街道がはしり，町割りは武家屋敷・町家・寺院等が設けられ，典型的な城下町の形態となっている．天守の外側に堀があり，上級武士の屋敷が内堀の中にある．さらに外側は中級武士の屋敷と町人地を土塁や外堀で囲み，武家屋敷が町人地を囲む「総構え」の形態をとり，出入り口には木戸を設けて城下への出入りを取り締まった．犬山城下町の中心的な通りは本町通りであり，商人町

となっていた．現在も，この江戸期の町割りが残っており，歴史性を有している．犬山城下に残る伝統的な町屋の多くは近代以降に建築されたものであるが，その建築に近世以来の城下町の生活ぶりが反映されている．平入りで2階が屋根裏状になっている家屋がそのひとつで，藩主たちの通行の際に町人が上から見下ろすことがないように配慮された城下町特有の様式である．

4. 鉄道開通後の犬山城下町の変化

明治期以後，全国の主要幹線鉄道網が完成し，都市に設けられた鉄道駅の位置によって，内部構造に変化がもたらされた．田辺（1979）によれば，中心市街地（旧町人地）を中心にして城と対称位置に駅がつくられる場合が最も多く，犬山もそれに当てはまる．

旧武家地のうち上級武士の屋敷跡地は，広い敷地を活かし断続的に行政機能や公共施設が立地してきた．明治期は町役場や警察署が立地し，高等小学校であった敷地には検察庁と簡易裁判所が立地した．現在は多くの行政機能が犬山駅周辺や駅東側に移転し，その跡地が駐車場やミュージアムという観光的要素に変化している．

旧町人地は，地域の中心商店街となった．昭和期に都市が拡大しつつも中心商店街は地域の中心市街地であり続けた．

その他，犬山駅西側には，駅前の新たな市街地も形成していく．駅東側は大日本紡績の工場が立地し，撤退後は住宅地が広がったほか，警察署や裁判所などの官公署が移転してきた．犬山城と犬山遊園駅の間には，名古屋鉄道による都市開発がすすめられ，ホテルや旅館が多く形成された．

高度経済成長期のモータリゼーションの進展にともない，中心市街地の道路も拡幅工事が行われようとしていた．その後，ロードサイド店の立地を背景に，本町の旧中心地だけでなく駅前の新中心地の中心性も失われかけている．本町の商店は，1997年から2002年までの5年間で172店から99

図 10.3　本町通り（2023 年 5 月撮影）

図 10.4　犬山駅前にある景観阻害の建物（2023 年 5 月撮影）

店，年間売上額は約 12.9 億円から 5.1 億円へとどちらも半分程度に激減した．

　この犬山の中心市街地の衰退から，犬山城下町のまちづくりが始まった．本町通り沿いの旧中心市街地の業種変化をみると，住民向けの商店は少なくなり，観光客向けの飲食店や小売店が急増している．多くが外部資本の店である．特に串物を出す店が多い．観光客は若者も目立ち，見映えのよい店舗や飲食物で写真を撮って楽しんでいる．レンタル和服姿の人も多い（図 10.3）．

5. 観光資源の立地と観光客の回遊

　もう一度図 10.1 をみて，犬山城下町の観光資源の立地に注目してほしい．有料文化施設の分布をみると，その多くが天守近くの旧武家地に立地している．博物館や資料館といった文化施設は広い敷地が必要となるため，元々広い地割になっている上級武士の屋敷跡地にできる．そのため観光客は，町人地を回遊せずに城と有料文化施設のみ巡る場合もある．歴史的建造物の分布をみると，本町通りに多量かつ連続的に並んでいる．電柱地中化などの景観整備の努力もあって，古いまち並みの雰囲気が出ており，犬山の一つの観光資源になっている．本町通りの東側には寺社も多く残っており，石畳の寺町を形成している．

　城の眺めも観光資源の一つである．城はまちのランドマークとなり，観光客は天守が見える方向

へと歩く．多くの鉄道客の歩き始めとなる犬山駅からは，城は確認できるものの駅前の高い建物や電柱が景観阻害となっている（図 10.4）．一般的に，駅前は利便性が高くて地価も高いため，商業施設やマンション等の建物が高層化する傾向にある．

　観光の中心となる旧町人地からは，旧武家地に立地する福祉会館が景観阻害となっていた（図 10.5）．一般的に城下町は，天守と旧町人地の間に旧武家地があるため，そこに広大で高層な公共施設が立地しやすい．さらに公共施設はコンクリートなど無機質の場合が多く，城や歴史的まち並みにそぐわないことが多い．福祉会館は 2021 年に取り壊しが完了し，城の眺めが改善された．

　続いて，観光客はどのように回遊するのか．様々な場所で，鉄道客，自家用車客，バスツアー客を含む観光客 37 名にどのような回遊をしたのかを聞き取り，調査をした（図 10.2）．線の太さは 37

図 10.5　旧武家地にあった景観阻害の公共施設
（2014 年 10 月撮影）

名が通行した延べ回数を示している.

　鉄道客の多くは, 犬山駅から本町交差点まで進み, そこから北方向へ本町通りを進んで城に行き, 帰りも同じルートで駅に向かう往復回遊となる. 本町通りは多くの飲食店が並び, 食べ歩きをして進む. 他方, Google マップでは犬山遊園駅からの徒歩ルートが提案されるため, それに誘導されたであろう観光客も散見された. 犬山遊園駅から来た観光客は, 天守閣登頂後に本町通りの賑わいに気づき, 帰り道は犬山駅へと向かっていた. 犬山遊園駅からは遊歩道があり, 木曽川の景色もよいため, それもよい. このように鉄道観光客は回遊をするものの, 本町通りの外へ行くことはほとんどない. また, 犬山遊園駅を利用する場合は本町を片道通行となる. それはお金が落ちにくいという地域にとっての課題となっている.

　続いて, 自家用車客の回遊だ. 多くの客は第1駐車場を目指す. 本町通りは多くの歩行者がいるものの歩行者天国とはなっておらず, 城を目指す自家用車客がカーナビに誘導されて断続的に通行する. そのため, 歩行者にとっては安全面で不安が残るほか, 2カ所の交差点に交通誘導役が常におり, 大きな声を出し続けている状況になっている. 本町通り進入後に歩行者の多さに気づく客も多いが, これも城下町らしい一方通行道路のため退却もできない.

　自家用車客は, 第1駐車場から先に城に向かう. その後, 多くの観光客が本町通りを本町交差点まで南下し, 踵(きびす)を返して駐車場へ引き返す回遊をした. だが中には, 駐車場と城の往復のみの客もいた. なぜ本町通りに行かないのかを尋ねると, 本町や中本町の魅力的な飲食店や伝統的な建築物があることに気づかなかったという. 本町通りの城に近い丸の内付近は公共施設が多く立地しているほか, 景観整備のされていない新しい住宅が点在しており, 城下町の雰囲気を感じにくく満足度が下がる. これも城下町構造の影響である.

　最後に, 空間構造とは関係ないものの, ツアー客についても述べておこう. 観光バスは第1駐車場に停車し, 1時間程度の自由時間を設けている場合が多い. 1時間であれば城とミュージアムのセットか, 城と本町通りの食べ歩きのセットで行動するようである. 犬山城は, 飛田や下呂温泉などに向かうツアーに組み込まれ, 通過型観光が多い. これも地域にとってはお金が落ちにくい課題となっている.

6. 犬山城下町はまちづくりがうまい！

　現代における文化施設や観光資源の立地, 城の眺め, 観光客の回遊動線は, かつての城下町の空間構造の影響が色濃く残っている. この影響をふまえたまちづくりを推進できるかどうかが, 旧城下町都市の地域活性化の鍵となるだろう.

　筆者は数多くの城下町を巡ってきたが, 「うまい！」と思う時も「もうすこし」と思う時もある. 犬山はどうか. 当然「うまい！」である. 本町通りは景観整備をして旧町人地の歴史的なまち並みを活かす観光資源となった. 旧武家地の丸の内は, 公共施設が取り壊されて新たな活かし方を模索している. 第1駐車場には新たに観光案内所を設置し, 本町通りへの回遊を促進させた. かつて臨時駐車場だった空き地に第2駐車場を新設し, 本町に入る車を迂回させることに成功した.

　一方で, 古い空き家が新築住居やコインパーキングとなってまち並みの一体感が薄れてきていること, 景観整備した魚屋町の回遊が少ないこと, 犬山駅と本町交差点の間の歩道が狭く危険であることなど課題も山積だが, 今後に期待したい.

　人々の工夫や努力によって蘇った美しい歴史的まち並みは数多くあるが, それは時に均質的に見えてしまうだろう. そんな時は, 古地図を片手に, 空間構造を視点にしながら現代のまち並みや観光客の行動を眺めてみてほしい.　　　　(守谷富士彦)

文献
田辺健一 1979.『都市の地域構造』大明堂.

1. 海港都市・神戸

【神戸の地形条件】

　読者の皆さんにとって，神戸の玄関口としてどこを思い浮かべるだろうか．新幹線で訪れる人にとっては新神戸駅のある摩耶山麓の緑豊かな景色が思い浮かぶだろうか．大阪方面から電車で来るならば，三宮のアーケード街か．航空機で神戸空港を利用する人にとっては，沖合の埋め立て地なのかもしれない．

　こうした様々な景観とともに広がりを見せる神戸のまちであるが，山（新神戸駅），平地（三宮），埋め立て地（神戸空港）という南北方向の広がりは，1970年代以降に拡大してきたものである．

　元来，神戸の市街地は東西に細長く広がってきた．これは低地の分布が南の大阪湾と北にそびえる六甲山地に挟まれた狭隘なエリアに限られており，その少ない低地に市街地が形成されたためである．

【神戸の歴史的展開 ― 前近代 ―】

　古くから都の置かれた近畿地方において，神戸は外港として発展してきた．朝鮮半島や中国から大陸の先進的な技術や文物は九州や瀬戸内海を経由して近畿地方へと伝わっていったと考えられている．西の拠点である九州・大宰府との行き来だけでなく，遣隋使・遣唐使などの船も行き来する

図11.1　鉄道6社局が集まる一大ターミナル・三宮駅（2023年11月撮影）

瀬戸内海の海運は西日本において重要な地位を持っていた．平安時代には日宋貿易を重視した平清盛によって神戸の港「大輪田泊」を改修し，福原京として遷都を試みるなど，海上交通の要衝として重要視された歴史を持つ．

　海上交通の要衝ということから，神戸は軍事的にも重要な場所としてたびたび，歴史上の出来事の舞台となってきた．平安末期の源平合戦では，一度は九州まで逃れたものの京へと戻る平清盛軍が神戸・福原で上陸し，源頼朝軍との間で1184年に「一の谷の戦い」が起こっている．神戸の山がちな地形を生かした頼朝の急襲戦法は「鵯越（ひよどりごえ）の逆落（さかお）とし」と呼ばれており，今も鵯越という地名が兵庫区に残っている．また，南北朝時代の

図11.2　六甲より神戸市街を見渡す（2021年7月撮影）

1336 年には楠正成が北朝軍に負けた「湊川の戦い」の舞台にもなった. 正成を祀る中央区の湊川神社は, 今も神戸を代表する神社として多くの参拝客を集めている. 2019 年の正月三が日には 107 万人の参拝客を数え, これは兵庫県内で 2 番目に多い.

【神戸の歴史的展開 — 近代 —】

日米修好通商条約など 5 カ国と結んだ条約に基づき, 神戸は長い鎖国から開港する港の一つに選ばれた. 1868 年に開港すると, 多くの外国人が神戸にやってきた. 横浜など, この時期に開港した地域では, 財力のある西洋人は景観がよく地盤も安定する高台に邸宅を構え, 財力に乏しい中国系の人々はより海に近い低湿地に集住する傾向にあった. 神戸においては先述の通り市街地の北側に六甲山地があることから, 海が見える高台にあたる北野地区に西洋人が多く住んだ. その南方, 元町地区には南京町と呼ばれるチャイニーズ・タ

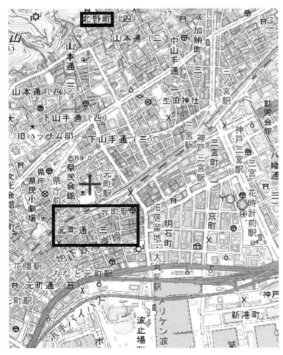

図 11.3　北部の山麓にある北野地区と海に近い低地に位置する元町地区
（地理院地図により作成）

ウンが形成され, 今や神戸の一大観光地となっている.

明治時代以降は, 国の殖産興業政策によって工業化が進められていく中, 港湾を擁する神戸では造船業が盛んになっていく. 1881 年に川崎兵庫造船所（現在の川崎重工業神戸工場）が設立され, 1905 年には神戸三菱造船所（現在の三菱重工業神戸造船所）が開設される. また, 阪神工業地帯や京阪神大都市圏における海の玄関口として, 貿易港の役目も増していった.

ここで重要となってくるのが, 造船所や港湾で働く労働者たちである. 造船所や港湾は多くの雇用を生み, そこで暮らす労働者たちが, 港町・神戸の景観を生み出す主役となっていく.

2.　神戸における労働の景観

【コンテナ化以前の港湾労働】

神戸では, 現在の中央区から兵庫区に当たる地域の海沿いに多くの波止場が設けられ, 荷役が行われていた. 突堤が細長かった当時の港湾では, 外国からくる大型船は沖合に停泊し, 陸との行き来は艀（はしけ）と呼ばれる小型船によって行われた. 図 11.4 には, 破線の丸で囲ったあたりに多くの小型船が写っているのがわかる. これが艀である.

1970 年以前の港湾労働者は, 大きく 2 種類に分けることができる. 沖仲仕（おきなかし）と呼ばれ大型船と荷物のやり取りをして艀で岸壁まで運ぶ人と, 陸仲仕（おかなかし）と呼ばれ艀から陸へと荷揚げをする人である. 艀には荷物を運搬する機能のみならず, 生活空間としての機能も有しており, 沖仲仕は家族で艀に住み海上で生活する者も多くいた.

仲仕の仕事量は荷扱い量によって変動するため, 彼らの多くは日雇労働者であった. 陸仲仕たちは波止場近くのドヤと呼ばれる簡易宿所に住み, 荷物の積み下ろしの任に当たっていた.

【労働者が集まる空間】

新開地は川崎重工業の造船所からほど近く, 南方には三菱の造船所や川崎車両（川崎重工業系列

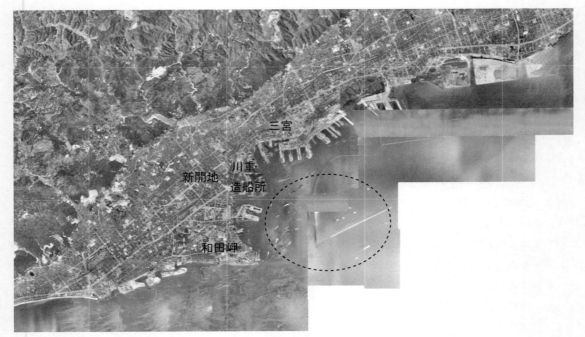

図 11.4　1960 年の神戸の航空写真（地理院地図より）

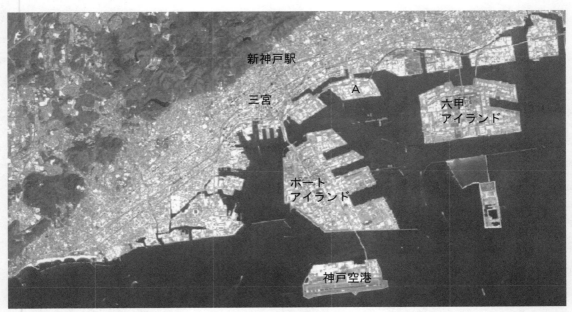

図 11.5　2022 年の神戸の航空写真（地理院地図より）

の鉄道車両工場）が立地する和田岬も近接しており，港湾労働者だけでなく工場労働者にとっても集まりやすい場所にあった．このことから，仕事終わりや仕事の無い日に繰り出す労働者たちを主な客とする立ち飲み屋が，新開地に集積するよう

になった．

　また，陸仲仕や造船などの仕事に従事する労働者たちが住むドヤ街も，新開地の付近に形成された．なお，古代より港の中心として栄えた福原の地もこれに含まれている．つまり，古くから神戸

の中心であった新開地周辺は工業や港湾の発達によって，より中心性を高めていったといえる．

【神戸の中心市街地・新開地】

　人々が集まる歓楽街として，新開地の中心性は工業化とともに高まる一方であった．1968 年には神戸高速鉄道が開業し，三宮（阪急），元町（阪神），湊川（神戸電鉄），兵庫（山陽）と個々に神戸側の始終着駅を構えていた私鉄各社の路線が新開地へと乗り入れ，神戸最大のターミナルとなった．

　高度経済成長期には都市人口急増のために各地でニュータウン建設が行われたが，神戸においては六甲山の北側に位置する北区などで，大規模なニュータウンが多数建設された．鵯越で知られる鵯峠を越えた六甲山の北側のニュータウンは，神戸電鉄によって神戸市街と結ばれた．つまり，拡大する神戸市の住宅地からのアクセスによって新開地の商圏は拡大したほか，これらニュータウンと大阪方面とを連絡する際の乗り換え駅として，交通結節点の機能が高まることとなる．

　こうして，労働者の集まる盛り場として，また交通ターミナルとして，新開地は神戸の中心市街地としての発展を遂げていった．

3.　コンテナ化による変化

【港湾労働の変化】

　1967 年，日本で初めてコンテナ船の荷扱いが図 11.5 の **A** で示した神戸東部の摩耶埠頭で始まった．これ以降，旧来の労働集約的な艀労働から，コンテナによる機械化・効率化が急速に進んでいくこととなる．大型のコンテナ船を直接，接岸できるようにするために細長い突堤がいくつも伸びていた埠頭は埋め立てられ，大型で直線的な岸壁へと姿を変えた．特に摩耶埠頭のように，神戸から大阪方面へ向かう高速道路沿いで顕著な動きであった．これは，コンテナ化に伴って貨物の国内輸送が内航海運や鉄道からトラック中心へと転換されていったためである．そして，沖仲仕や陸仲仕とよばれた港湾労働者たちの仕事はなくな

図 11.6　ポートアイランドでのコンテナ荷役
（2021 年 12 月撮影）

り，トラックの運転やクレーンの操縦など資格や技術が必要とされる仕事へと取って代わった．また，当初よりコンテナ船の荷役を行うことを目的とした大型の岸壁を持つ人工島が建設され，1981 年にポートアイランドが街びらきを行った．ポートアイランドの巨大岸壁では，図 11.6 のような巨大なガントリークレーンによるコンテナ荷役が行われており，機械化によって港湾における労働の景観は大きく変わっていった．人工島の建設に当たっては，六甲山北部のニュータウン建設で生じた土砂が用いられ，神戸大橋や新交通システム（ポートライナー）によって三宮と結ばれている．

【中心市街地の移動】

　神戸の港湾機能がポートアイランドに移っていくと同時に，ポートアイランドと直結する三宮が交通結節点としての機能を高めていくこととなる．ポートアイランドは計画戸数 6,500 戸，計画人口 20,000 人の住機能を備え，島の中に学校や病院も建設された．つまり，港湾という労働の空間だけでなく，ニュータウンとしての側面も有することとなった．北部のニュータウンと結ばれた新開地が大阪方面との交通結節点であったように，ポートライナーと阪急・阪神・JR との乗換駅である三宮もまた，交通結節点となっていく．

　三宮が交通結節点としての機能を高めた別の要因として，地下鉄の開業もあげられる．1972 年に開業した山陽新幹線の新神戸駅は神戸市の新た

図 11.7　賑わう三宮の高架下にある飲み屋街
（2023 年 11 月撮影）

図 11.8　一部が保存されている，震災で被災した
メリケン波止場（2021 年 7 月撮影）

な玄関口となる．六甲山の谷に建設された新神戸駅は三宮の北側にあり，1985 年に開業した市営地下鉄によって 1 駅で結ばれた．1988 年には北神急行が開業して地下鉄と直通運転を開始し，北区のニュータウンから新開地を経由することなく三宮へアクセスすることができるようになった．

　こうして交通結節点の機能を高めていった三宮は，次第に神戸という都市における中心性を獲得していく．1957 年には新開地にほど近い湊川から三宮へと神戸市役所が移転し，行政面での中心も移動している．労働，居住地アクセス，行政と多くの機能が，新開地から三宮へと東方移動していった．こうして，北野に西洋人居留地ができるくらい閑静な地区だった三宮は，神戸の中心市街地として発展していくことになる．それと反対に，新開地は徐々に活気が往年ほどはなくなっていき，中心市街地としての機能を失っていった．

4.　さらなる埋め立て地建設と阪神淡路大震災

【六甲アイランドの建設】

　神戸市で最も東に位置する東灘区の沖合に神戸第二の人工島である六甲アイランドが建設され，1988 年に入居が開始された．大型のコンテナ埠頭だけでなく，フェリーターミナルの建設により物流の拠点となったほか，マンションの建設とともに学校や商業施設など住環境の整備も行われている．六甲アイランドの建設により神戸港の機能

はさらに東へ移動した．神戸市中心部を経由せず，トラック物流は直接大阪へ向かうようになり，京阪神大都市圏の中心である大阪との結びつきを強めていくこととなる．

【労働の空間から消費の空間へ】

　港湾機能によって労働の空間となっていた神戸港も，沖合の埋め立て地に港湾機能が移転するとともに空洞化が進んでいった．現在の JR 神戸駅の東側には広大な湊川貨物駅が広がっていたが，人工島からのトラック輸送に置き換えられる形で1982 年に営業を終了した．また，神戸製鋼や川崎製鉄などの工場用地も，工場機能の移転によって空くこととなった．これらの跡地には大型商業施設の神戸ハーバーランドが建設され，1991 年より営業している．港湾や貨物，工場などの労働の空間は，消費の空間へと変化していったのである．

【阪神淡路大震災と復興】

　1995 年の阪神淡路大震災では，神戸にも大きな被害があった．神戸港においては，波止場が崩れて船が接岸できなくなり，港湾としての機能が一時的に停止した．埋立地では液状化現象によってクレーンが傾き，コンテナ荷役に大きな影響が出てしまった．

　震災からの復興においては，火災によって住宅を失った市民が多かったことから，復興住宅の建設がすすめられた．今も神戸には震災直後に建てられたアパートが多く，神戸の都心に近い地域の住機能が強化されていくこととなる．

【人工島の機能変化】

　港湾機能と住機能を目的に建設されたポートアイランドでは，第 2 期工事において研究機能や医療機能の開発が行われた．神戸学院大学のキャンパスや神戸市立医療センター中央市民病院が設けられ，理化学研究所の計算科学研究センターではスーパーコンピューター「京」や「富岳」を用いた最先端の研究開発が行われている．

　また，ポートアイランドの南の沖には神戸空港が建設され，新たな神戸の玄関口となっている．神戸空港へはポートライナーが延伸開業しており，ポートアイランドの拡張部や多くの来街者がやってくる神戸空港は，ポートライナーで三宮と結ばれている．

【人口動態から見る変化】

　神戸市では高齢化をはじめとするニュータウン問題に直面する北区などで人口の減少が見られる（図 11.9 中の白い区は減少）一方，東部の東灘区・灘区で人口増加が続いている．これは，三宮へのアクセスがいいことだけでなく，大阪への近接性によるところもある．最も人口が増加している兵庫区も含めた 3 区はいずれも，阪急・阪神・JR の鉄道網によって大阪と結ばれている．また，大阪へは乗り換えが必要な北区や大阪か

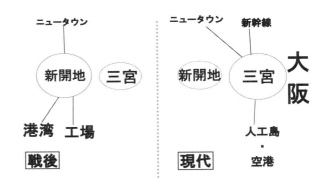

図 11.10　戦後（左）と現代（右）の
神戸における市街地構造の変化

ら遠く時間がかかる須磨区・垂水区で人口が減少している．神戸という都市が大阪のベッドタウンとして位置づけられ，大阪へ通勤・通学するために大阪と三宮を通る鉄道沿いへと人口が移動していることが読み取れる．なお，新快速が停車する（大阪までの所要時間が須磨・垂水より短い）上に子育て支援が充実している西隣の明石市では人口が増加しており，大阪大都市圏で考える必要性は高まっている．

5.　港湾機能の変化と神戸の市街地移動

　神戸ではコンテナ化という港湾機能の変化に伴って，労働の空間が移動した．また，人工島の建設や交通の整備なども相まって，中心市街地が新開地から三宮へと移っていった．

　神戸が日本で他に先駆けて進めたコンテナ化は，日本の他の都市でも見られる．しかし，海上への展開と中心市街地の東方移動は，平地が細長く東西に広がる神戸ならではといえよう．労働という社会的変化が，地形という自然的条件に左右されながら都市空間を変容させていることに，神戸の地誌的な面白さがあるのではないだろうか．　　　　　　　　（古田 歩）

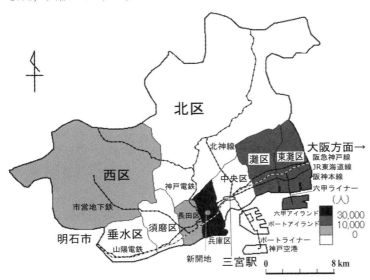

図 11.9　2000 年から 2020 年にかけての人口増減（国勢調査により作成）

1. 結節地域のとらえ方

　地域をとらえる際には，複数の指標を用いて考察するが，ある地域の特色を見出しやすくする方法の一つに動態地誌的アプローチがある．ここでは，四国地方の徳島およびその周辺の変化について，交通を中核としてとらえていく．

　本州と四国を結ぶルートは，児島・坂出ルート（通称：瀬戸大橋），神戸・鳴門ルート（通称：明石海峡大橋（図 12.1）・大鳴門橋），尾道・今治ルート（通称：瀬戸内しまなみ海道）がある．これらのなかで神戸・鳴門ルートは，三大都市圏の一つである大阪圏に直結している．そのため，他のルートと比較して，広範的な結節地域を形成する役割を有し，観光および商業に大きな影響をもたらすと考えられる．本章では，神戸・鳴門ルート開設による人々の生活の変化を，商業の面からとらえる．

2. 神戸・鳴門ルート開設による交通の変化

　神戸・鳴門ルートは，1985 年に供用が開始された大鳴門橋（兵庫県南あわじ市〜徳島県鳴門市），1998 年に供用が開始された明石海峡大橋（兵庫県神戸市〜淡路市），淡路島から構成され，こ

れらを神戸淡路鳴門自動車道が貫いている．上記の橋梁には，道路のほかに送電線・導水管・光ファイバーも通っており，人々の生活を支えている．

【大阪圏と徳島との交通—明石海峡大橋架橋前—】

　明石海峡大橋の架橋前は，大阪圏と徳島は船舶で結ばれていた．海上交通の守護神として信仰される住吉大社（大阪市住吉区）には，阿州藍玉大坂積の石燈籠があり，1831（天保 2）年に献納とあることからも，古くから大阪圏と船舶で交流があったことがわかる．

　近代交通の面では，1899 年に大阪商船が兵庫港を経由して，徳島港まで 8 時間で結ぶ船便がみられる．また，大阪商船より安価に藍玉を輸送するために，徳島の藍商人によって阿波国共同汽船会社が設立された．徳島港は吉野川河口に位置し，堆砂により大型船の航行に支障をきたしたため，1899 年から南にある小松島港が改修され，1913 年には 1,000 t 級の大型船の航行ができるようになった．

　また，1913 年には，阿波国共同汽船会社が鉄道を徳島駅〜小松島駅間に開業させ（現在の JR 牟岐線徳島駅〜中田駅，および 1985 年に廃止さ

図 12.1 フェリーからみた明石海峡大橋
（2019 年 4 月撮影）

小松島フェリーターミナル
（現：小松島みなと交流センター）

桟橋跡

ホーム跡

線路跡

図 12.2 小松島港仮乗降場
（2023 年 10 月撮影）

れた国鉄小松島線中田駅～小松島駅），小松島駅から港に直接乗降できる構造をとった（図12.2）．大型船が入れる港であることから，大阪・神戸方面の汽船は小松島発着に移行した．

　1896年には和歌浦～小松島を結ぶ航路が開設され，1956年には南海和歌山港線の新設により，和歌山～小松島を結ぶ南海フェリーが新設された．

　戦後になり，徳島港の浚渫による大型船の入港緩和，および1985年の国鉄小松島線の廃線を受けて，徳島港に発着拠点を変更する汽船がみられた．また，1978年には徳島港と大阪港を2時間半で結ぶ徳島高速船が，1983年には徳島港と和歌山港を1時間で結ぶ高速船の南海徳島シャトルラインが開設され，小松島港周辺は衰退していった．

　大阪圏と徳島を結ぶ交通は，船便だけでなく航空便も設定された．伊丹空港と徳島空港を結ぶ航空便が1日10往復されていた時期もあった．

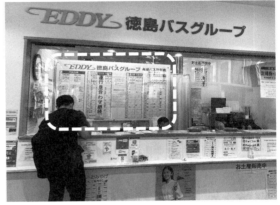

図12.3　バス時刻表が目立つ，徳島駅前高速バスチケットセンターの窓口（2023年10月撮影）

表12.1　徳島駅の大阪行き・神戸行き高速バス時刻表（2023年）

行先　大阪梅田・なんば・一部USJ 大阪梅田まで2時間30分 （JR：なんば先回り，徳島バス：梅田先回り）						神戸三宮・新神戸・JRの一部は神戸空港 神戸三宮まで1時間50分，高速舞子まで1時間20分			
時						時			
5						5	30 (T)		
6	00 (T)	00 (T)	30 (J)	30 (J)	45 (T)	6	00 (J)	15 (T)	45 (T)
7	00 (T)	00 (T)	15 (J)	30 (T)	45 (J)	7	00 (J)	30 (T)	
8	00 (T)	15 (J)	30 (J)	45 (T)		8	00 (J)	30 (T)	
9	00 (T)	15 (J)	30 (J)			9	00 (J)	15 (J)	30 (T)
10	00 (T)	30 (J)				10	00 (J)	15 (J)	30 (T)
11	00 (T)	30 (J)				11	00 (J)	45 (T)	
12	00 (T)	30 (J)				12	00 (J)	30 (T)	
13	00 (T)	30 (J)	45 (T)			13	00 (J)	30 (T)	
14	00 (T)	15 (J)	30 (J)	45 (T)		14	00 (J)	30 (T)	
15	00 (T)	15 (J)	45 (J)			15	00 (J)	30 (T)	45 (J)
16	00 (T)	15 (J)	45 (J)			16	00 (J)	30 (T)	
17	00 (T)	15 (J)	45 (J)			17	00 (J)	30 (T)	
18	00 (T)	15 (J)	45 (J)			18	00 (J)	30 (T)	
19	00 (T)	45 (J)				19	00 (J)	30 (T)	
20	00 (T)	45 (T)				20	30 (T)		

J：ジェイアール四国バス・西日本ジェイアールバス・本四海峡バス
T：徳島バス・南海バス・阪急観光バス・阪神バス
下線付きの時刻は「平日運休，USJ先着便」，ゴシック表記は「高速舞子停車」．
（各バス会社Webにより作成）

【大阪圏と徳島との交通—明石海峡大橋架橋後—】

1998年に明石海峡大橋が架橋されてから，大阪圏と徳島は道路で結ばれるようになり，高速バスや自家用車で行けるようになった．

架橋と同時に，徳島と大阪（梅田・なんば），徳島と神戸（三宮）を結ぶ高速バスが開設された．いずれも本数が多く，毎時2本以上の便を設定している（表12.1）．徳島駅前の高速バスチケットセンターの窓口には，大型の時刻表が掲出されており，迫力がある（図12.3）．ユニバーサル・スタジオ・ジャパン（USJ）へのアクセスを意識した便も設定されており，観光行動に影響を与えている（表12.1）．

また，大阪行きの一部便および神戸行き全便は，明石海峡大橋の本州側にある高速舞子バス停に停車するため，明石海峡大橋架橋の1998年には，高速舞子バス停下にあるJR舞子駅に快速が停車するようになった．2000年には，同じくバス停下にある山陽電鉄舞子公園駅に直通特急・特急が土休日のみ停車するようになり，大阪・神戸地区の渋滞を回避する乗車行動も出てきている．

所要時間と運賃は，大阪まで2時間半で3,800円，神戸まで1時間50分で3,140円であり，往復割引や割安な回数券の設定もある．架橋以前は，徳島港～大阪港は高速船で1時間45分，徳島港～神戸港は高速船で1時間50分であり，大阪便は20往復，神戸便は3往復が設定されていた．表12.1からわかるとおり，高速船時代よりも所要時間はかかっているが，本数が増えただけでなく，気象の影響を受けにくくなったため，大阪圏と徳島間を気軽に移動しやすくなった（図12.4）．

しかし，すべてのフェリー・旅客船の利用者が高速バス利用に移行したわけではない（図12.5）．

明石海峡大橋の架橋により，自動車での大阪圏と徳島との移動もみられるようになった．特に，2009年にはETC車を対象に高速道路の通行料金の上限が1,000円になったため，通行台数が

図12.4　徳島駅バス停に停車する高速バス
前は大阪行き，後ろは神戸行き．（2023年10月撮影）

著しく増加した．また，2014年に本四高速の通行料金が引き下げられてからは，コロナ禍の外出自粛を除き一貫して通行台数が増加した（図12.6）．

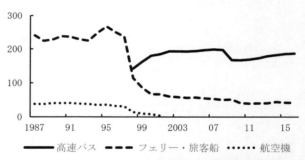

図12.5　徳島～大阪圏の交通機関の利用者数推移
縦軸の単位は人，横軸は年．
（四国運輸局の資料により作成）

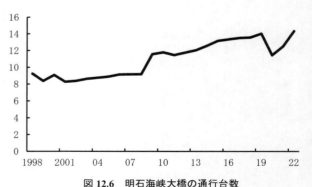

図12.6　明石海峡大橋の通行台数
縦軸の単位は百万台，横軸は年．
（四国運輸局および本四高速の資料により作成）

3. 交通の変化による徳島の商業の変化

　明石海峡大橋の開通により，徳島に高速バスや自家用車で行きやすくなった．しかし，前節でふれた 2009 年の高速道路料金の上限価格設定や，2014 年の本四高速の通行料引き下げがあっても，徳島市の観光入込客は大きく増加したわけではない（図 12.7）．

　そのため，明石海峡大橋の通行台数の増加は，徳島から大阪圏への移動が主なものと推察される．商業の観点からみると，1998 年の明石海峡大橋架橋後，徳島市の年間商品販売額が急減し，徳島から大阪圏に買回りする行動が増加していると推察できる（表 12.2）．

　また，大阪圏への買回り増加によるストロー効果，および郊外のショッピングモール開店の影響により，徳島県内で唯一の百貨店だったそごう徳島店が 2020 年 8 月に閉店した（図 12.8）．

図 12.8　そごう徳島店が入っていたアミコビル
（2023 年 11 月撮影）

　以上より，徳島では，明石海峡大橋の開通による交通網の変化により，人々の生活行動や商業が大きく変化した．交通を中核とした動態地誌の事例としてとりあげたが，よりミクロなスケールで考察し，具体的な人々の行動特性や商業地の変化を考察するのも興味深い．　　　　（内藤　亮）

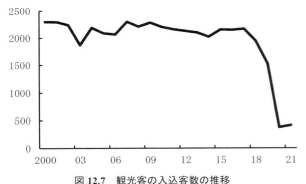

図 12.7　観光客の入込客数の推移
縦軸の単位は千人，横軸は年を表す．
（徳島市統計年報により作成）

表 12.2　徳島市の年間商品販売額（単位：百万円）

年	合計	卸売業	小売業
1991	1,291,268	924,957	366,310
1994	1,301,204	928,309	372,895
1997	1,348,979	985,346	366,632
2002	1,093,546	762,335	331,211
2004	1,066,294	743,198	323,096
2007	997,884	696,108	301,776
2012	767,226	543,207	224,019
2014	780,010	547,742	232,268
2016	904,998	633,215	271,782
2021	822,386	578,191	244,195

（商業統計および経済センサスにより作成）

104

【分担執筆者】

木谷 隆太郎　　きだに りゅうたろう　　　第3章立川執筆
　東京都立立川高等学校教諭. 1994年東京都生まれ. 東京学芸大学大学院修士課程修了.
　主著:「東京都杉並区高円寺駅周辺商店街の変化と若者の街化」新地理, 70巻2号.

五十嵐 純護　　いがらし とうご　　　第4章千葉県執筆
　筑波大学　理工情報生命学術院　生命地球科学研究群　地球科学学位プログラム大学院生. 2002
年千葉県生まれ. 東京学芸大学教育学部卒業.
　主著:「成田市内の高等学校校歌と市歌から構成する動態地誌の試み」房総研究, 59号.

森山 知毅　　もりやま ともき　　　第5章川越執筆
　越谷市立越ヶ谷小学校教諭. 1995年埼玉県生まれ. 東京学芸大学教育学部卒業.
　主著:「近代期における東京都上野地区の商業特性と空間構造の変化」学芸地理, 76号.

五十嵐 浩輔　　いがらし こうすけ　　　第7章越後湯沢執筆
　東京学芸大学教育学部在学中. 2002年新潟県生まれ.

平澤 健太郎　　ひらさわ けんたろう　　　第9章盛岡執筆
　大手旅行会社勤務. 2000年岩手県生まれ. 東京学芸大学教育学部卒業.
　主著:「立川駅周辺におけるラーメン店の集積の特徴とその背景」学芸地理, 78号.

守谷 富士彦　　もりや ふじひこ　　　第10章犬山執筆
　桃山学院教育大学人間教育学部講師. 1992年東京都生まれ. 東京学芸大学教育学部卒業, 広島大学
大学院教育学研究科博士課程後期修了, 博士（教育学）.
　主著:「成人教育論に基づく社会科研修プログラムの開発—カンボジア教育省の教科書開発者を対
象に—」社会科研究, 96号.

古田 歩　　ふるた あゆむ　　　第11章神戸執筆
　西大和学園中学校・高等学校常勤講師. 1998年静岡県生まれ. 東京学芸大学教育学部卒業, 神戸
大学大学院博士前期課程修了. 主著:「三島駅周辺地域における遠距離通勤者の特性と地域が抱え
る課題」東京学芸大学紀要　人文社会科学系Ⅱ, 73号.

内藤 亮　　ないとう あきら　　　第12章徳島執筆
　東京女学館中学校・高等学校教諭. 1993年東京都生まれ. 東京学芸大学大学院修士課程修了.
　主著:「商店街活性化事業としてのまちゼミの全国的特徴とその課題・可能性」新地理, 69巻3号.

【編者】

牛垣 雄矢　　うしがき ゆうや

東京学芸大学准教授
1978 年神奈川県生まれ．日本大学大学院理工学研究科地理学専攻博士後期課程修了．
博士（理学）．
専門分野：都市地理学，商業地域論，地誌学．
主著『まちの地理学—まちの見方・考え方—』単著，古今書院，2022 年．
　　『日本の都市百選　第 1 集』共著，古今書院，2023 年．
　　『地誌学概論（第 2 版）』共編著，朝倉書店，2020 年．
月刊地理にて「地理学者が選ぶ日本の都市百選」を連載中．

書　名	**身近な地域の地理学** — 地誌の見方・考え方 —
英文書名	Geography on Local Area : How to View and Think about Regional Geography
コード	ISBN978-4-7722-8125-6
発行日	2024（令和6）5 月 27 日　初版 第 1 刷発行
編　者	**牛垣雄矢**　Copyright Ⓒ 2024　Yuya USHIGAKI
発行者	株式会社 古今書院　橋本寿資
印刷所	株式会社 カシヨ
製本所	株式会社 カシヨ
発行所	古今書院　〒 113-0021 東京都文京区本駒込 5-16-3
TEL/FAX	03-5834-2874 / 03-5834-2875
振　替	00100-8-35340
ホームページ	https://www.kokon.co.jp/　検印省略・Printed in Japan

いろんな本をご覧ください
古今書院のホームページ

https://www.kokon.co.jp/

★ 800点以上の**新刊・既刊書**の内容・目次を写真入りでくわしく紹介

★ 地球科学やGIS，教育など**ジャンル別**のおすすめ本をリストアップ

★ **月刊『地理』**最新号・バックナンバーの特集概要と目次を掲載

★ 書名・著者・目次・内容紹介などあらゆる語句に対応した**検索機能**

古 今 書 院

〒113-0021　東京都文京区本駒込 5-16-3

TEL 03-5834-2874　　FAX 03-5834-2875

☆メールでのご注文は order@kokon.co.jp へ